Como aprender
e ensinar
competências

Antoni Zabala - Professor na Universidade de Barcelona.

Laia Arnau - Professora na Universidade de Barcelona.

Z12c   Zabala, Antoni.
        Como aprender e ensinar competências / Antoni Zabala, Laia Arnau. – Porto Alegre : Artmed, 2010.
        197 p. ; 23 cm.

        ISBN 978-85-363-2171-4

        1. Educação – Aptidões. 2. Competências. I. Arnau, Laia. II. Título.

CDU 37.042

Catalogação na publicação: Renata de Souza Borges – CRB10/1922

Como aprender e ensinar competências

Antoni Zabala | Laia Arnau

Tradução
Carlos Henrique Lucas Lima

Consultoria, supervisão e revisão técnica desta edição
Maria da Graça Souza Horn
*Doutora em Educação pela Universidade
Federal do Rio Grande do Sul*

Reimpressão 2018

artmed®

2010

Obra originalmente publicada sob o título *11 ideas clave. Cómo aprender y enseñar competencias*
ISBN 9788478275007
© Antoni Zabala, Laia Arnau

© de esta edición: Editorial GRAÓ, de IRIF, S.L.

C/C Francesc Tàrrega, 32-34, 08027 Barcelona
All Rights Reserved. This translation published under license

Capa: Gustavo Macri

Preparação de originais: Marcelo Viana Soares

Leitura final: Janine Pinheiro de Mello

Editora Sênior – Ciências Humanas: Mônica Ballejo Canto

Editora responsável por esta obra: Carla Rosa Araujo

Editoração Eletrônica: CSDesign

Reservados todos os direitos de publicação, em língua portuguesa, à
ARTMED® EDITORA S.A.
Av. Jerônimo de Ornelas, 670 - Santana
90040-340 Porto Alegre RS
Fone (51) 3027-7000 Fax (51) 3027-7070

É proibida a duplicação ou reprodução deste volume, no todo ou em parte, sob quaisquer formas ou por quaisquer meios (eletrônico, mecânico, gravação, fotocópia, distribuição na Web e outros), sem permissão expressa da Editora.

SÃO PAULO
Av. Angélica, 1091 - Higienópolis
01227-100 São Paulo SP
Fone (11) 3665-1100 Fax (11) 3667-1333

SAC 0800 703-3444

IMPRESSO NO BRASIL
PRINTED IN BRAZIL

Agradecimentos

A meus pais, pelos valores que me ensinaram.
Laia Arnau

A meus filhos, Mireia, Aina, Pau, Aniol, Ona e Marçal.
Antoni Zabala

Sumário

Apresentação 9

1. O termo competência surge como resposta às
   limitações do ensino tradicional 17
2. A atuação eficiente das competências em um
   determinado contexto 27
3. A competência sempre envolve conhecimentos
   inter-relacionados a habilidades e atitudes 45
4. O objetivo da educação por competência é o pleno
   desenvolvimento da pessoa 55
5. As competências escolares devem abarcar o âmbito social,
   interpessoal, pessoal e profissional 75
6. A aprendizagem das competências é sempre funcional 93
7. Ensinar competências significa partir de situações
   e problemas reais 109
8. As disciplinas não são suficientes para aprender competências 119
9. O núcleo comum: resposta ao ensino de competências 131
10. Os métodos para o ensino de competências
    devem ter um enfoque globalizador 143
11. Avaliar competências é avaliar processos na resolução
    de situações-problema 169

Epílogo 185

Glossário 189

Referências 195

Apresentação

O conceito de **competências** se difundiu no ensino de maneira muito acelerada. Como muitas outras ideias, encontrou, no mundo educacional, terreno fértil para seu desenvolvimento. Ao mesmo tempo, como também é habitual, produziu trocas de opiniões favoráveis ou desfavoráveis em função de critérios associados a seu pertencimento a um ou a outro paradigma pedagógico. Assim, indiscutivelmente, existem razões consistentes em ambas as direções.

Como todos sabem, ideias por si só não melhoram o ensino e muito menos quando se limitam à forma de ensino daquilo que deve ser tema da educação. Se, ao final, o avanço consiste somente em mudar os nomes dos objetivos educacionais, o pensamento de Lampedusa continuará se cumprindo de maneira persistente, no qual, uma vez mais, as mudanças aparentes servem, apenas, para que tudo continue igual.

Até que ponto um ensino baseado em competências representa uma melhoria dos modelos existentes? Nossa opinião é que a introdução do conceito de competência[1] de forma generalizada pode ser um meio eficaz para difundir princípios pedagógicos que ainda hoje são utilizados por uma minoria; mas não somente isso, de alguma forma pode ser um "recipiente" apropriado para conter, de modo rigoroso, um ensino que se una a uma perspectiva de **formação integral**, justo e para toda a vida.

Se observarmos o movimento que seguiram as propostas curriculares desenvolvidas, veremos que sofreram um processo muito lento de superação de uma visão centrada em conteúdos temáticos para uma visão centrada nos alunos: os temas, os objetivos mais ou menos operacionais, o recurso à taxonomia de Bloom, os objetivos por habilidades e, agora, as competências. Uma consistente evolução na busca de uma alternativa a um modelo embasado na aprendizagem de saberes disciplinares organizados ao redor de matérias convencionais, na qual o aluno deveria assumir os conteúdos como eram definidos pelas diferentes propostas científicas. Podemos chamar esta escola de transmissora. De forma progressiva e gradual, mas em um processo, felizmente, irreversível, os currículos se deslocaram das matérias para o aluno. O ensino por objetivos visa a analisar os diferentes graus de aprendizagem aos quais o aluno deve adquirir, mas ainda em função dos

---

[1]Todos os termos que aparecem em **negrito** podem ser encontrados no Glossário do livro (p. 189-193).

distintos conteúdos disciplinares. De maneira definitiva, se trata somente de uma tentativa de elucidar o que os alunos devem conhecer ou dominar para superarem provas de vestibular. No entanto, além da superação dessas provas, qual é o passo seguinte? É suficiente memorizar, compreender, aplicar somente para poder ingressar em um curso universitário? Para quê? Qual sentido tem ou deve ter o conhecimento adquirido? O que deve ou pode fazer o aluno com esse conhecimento? Portanto, qual é o papel da escola?

Como resposta a essas questões, devemos nos deter no seguinte tema: a formação para o desenvolvimento de capacidades. Agora já não é suficiente adquirir alguns **conhecimentos** ou dominar algumas técnicas, apesar de ser de forma compreensiva e funcional. É necessário que o aluno seja cognitivamente "capaz" e, sobretudo, em outras capacidades: motoras, de equilíbrio, de autonomia pessoal e de inserção social. Não é suficiente saber ou dominar uma técnica, nem é suficiente sua compreensão e sua **funcionalidade**, é necessário que o que se aprende sirva para poder agir de forma eficiente e determinada diante de uma situação real. É nisso que estamos envolvidos.

Entendemos que um ensino baseado em competências é uma nova e grande oportunidade para que a melhoria sustentável da educação não seja patrimônio de alguns poucos privilegiados. A introdução do conceito de competências no ensino obrigatório pode ser uma oportunidade para aprofundar um processo de mudança que se forjou no final do Século XIX, tendo sua efervescência nos primeiros 30 anos do Século XX, para, enfim, se desenvolver com dificuldades nos 60 anos seguintes. Dessa forma, partindo dessa visão – e somente dela –, entendemos que a introdução das competências na escola pode representar uma contribuição substancial para uma melhoria geral do ensino.

Este livro pretende defender um entendimento das competências, assumindo os grandes princípios dos movimentos renovadores. Para isso vamos analisar e responder, no decorrer dos diferentes conceitos, as questões que sua implantação no ensino apresenta, desde as razões que as justificam até as características que, de acordo com nosso critério, devem ser adotadas na educação sistemática.

Respostas a questões relacionadas às competências

1. Como dissemos, o conceito de competências se introduz de maneira generalizada assemelhando-se, novamente, a uma das muitas ideias que periodicamente são difundidas no ensino. De modo que, como tal, pode ter seus dias contados. No entanto, existem importantes razões que nos permitem considerar que as ideias que subjazem ao conceito de competência podem incidir de modo transcendental no ensino. Quais são os argumentos que justificam a introdução do conceito de competência na educação? Qual o tipo de ensino que se pretende superar com sua introdução em aula?

> O uso do termo "competência" é uma consequência da necessidade de superar um ensino que, na maioria dos casos, foi reduzido a uma aprendizagem memorizadora de conhecimentos, fato que implica dificuldade para que esses conhecimentos possam ser aplicados na vida real.

2. Diferentes são as definições de competência que ao longo das últimas décadas foram elaboradas a partir de diferentes instâncias. No início surgiram no mundo do trabalho, para depois, estenderem-se desde as instâncias formativas (e entre elas de forma contundente) até a educação sistemática. Entretanto, nem todas as definições coincidem, algumas centram-se em sua função, e outras em sua estrutura. Qual é o sentido que as competências devem ter na escola? Quais são seus componentes e sua estrutura?

> A competência, no âmbito da educação escolar, deve identificar o que qualquer pessoa necessita para responder aos problemas aos quais será exposta ao longo da vida. Portanto, a competência consistirá na intervenção eficaz nos diferentes âmbitos da vida, mediante ações nas quais se mobilizam, ao mesmo tempo e de maneira inter-relacionada, componentes atitudinais, procedimentais e conceituais.

3. Uma das habituais tendências no campo educacional consistiu em estabelecer sucessivos confrontos entre a escola herdada, a tradicional, fundamentada nos saberes, e qualquer proposta de mudança, geralmente, amparada no saber fazer, como se essa nova proposta representasse uma rejeição ao existente e não uma tentativa de melhoria. Assim, o conceito de competência pode ser entendido como uma negação dos conteúdos tradicionais. Até que ponto um ensino com base em competências representa a diminuição de conhecimentos? É possível ser competente sem dispor de conhecimentos?

> A competência e os conhecimentos não são antagônicos, pois qualquer atuação competente sempre representa a utilização de conhecimentos inter-relacionados às **habilidades** e às **atitudes**.

4. Um currículo com base em competências representa a formação em aprendizagens que têm como característica fundamental a capacidade de serem aplicadas em contextos reais. O essencial das competências é seu caráter funcional diante de qualquer situação nova ou conhecida. Todavia, quando deslocamos essas ideias para o ensino obrigató-

rio, qual deve ser seu alcance? Deve se limitar a uma formação funcional de alguns conteúdos convencionais sobre assuntos acadêmicos ou deve se ampliar a outros campos do conhecimento humano?

> Para poder decidir quais competências são objeto da educação, o primeiro passo é definir quais devem ser suas finalidades. Existe um acordo generalizado em que as finalidades devem contribuir para o pleno desenvolvimento da personalidade em todos os campos da vida.

5. Todas as instituições internacionais quando se manifestam sobre a função social que o ensino deve cumprir optam, conforme a declaração universal dos direitos humanos, pelo pleno desenvolvimento da pessoa. De qualquer forma, essa definição é completamente genérica, causando múltiplas interpretações, entre elas a do distinto grau de responsabilidade dos diferentes agentes educacionais: família, escola, meios de comunicação, atividades recreativas, etc. Considerando as limitações e as possibilidades da escola, quais são as competências que devem ser propostas como objetivos do ensino obrigatório?

> As competências escolares devem englobar o âmbito social, o interpessoal, o pessoal e o profissional.

6. Os estudos realizados sobre o modo como as pessoas aprendem, independentemente da corrente psicológica que os sustenta, permitem estabelecer um conjunto de princípios contrastados de modo satisfatório. Atualmente, dispomos de um notável conhecimento sobre como as pessoas aprendem: existem dados irrefutáveis acerca da maneira nas quais se aprendem os conteúdos factuais, os conceituais, os procedimentais e os atitudinais, mas como as competências são aprendidas? Princípios rigorosos sobre sua aprendizagem podem ser precisos?

> A aprendizagem de uma competência está muito distanciada do que é uma aprendizagem mecânica; significa um maior grau de **relevância** e funcionalidade possível, pois para poder ser utilizada devem ter sentido tanto a própria competência quanto seus componentes procedimentais, atitudinais e conceituais.

7. O conhecimento do modo em que os diferentes componentes das competências são aprendidos e sua natureza de "procedimento de procedimentos" permitem compreender a complexidade de seus processos de aprendizagem. Por isso, podem ser extraídas algumas conclusões sobre as condições que deve ter seu ensino. Pois bem, uma das características fundamentais das competências é a capacidade para agir em contextos e situações novas, e visto que as situações e os contextos podem ser infinitos, poderíamos chegar à conclusão de que as competências não podem ser ensinadas. Isso ocorre dessa forma? Critérios confiáveis sobre as características que deve ter o processo de ensino das competências podem ser precisos? Se a resposta é afirmativa, quais devem ser esses critérios?

> Ensinar competências implica utilizar formas de ensino consistentes para responder a situações, conflitos e problemas relacionados à vida real, e um complexo processo de construção pessoal que utilize exercícios de progressiva dificuldade e ajuda eventual, respeitando as características de cada aluno.

8. A escola deve participar ativamente no desenvolvimento da pessoa nos âmbitos social, interpessoal, pessoal e profissional. As competências necessárias para agir eficientemente em cada um desses âmbitos são numerosas e complexas. Cada uma delas é composta de atitudes, habilidades e conhecimentos que, por sua vez, dispõem de diferente grau de cientificidade. Alguns desses componentes sustentam-se claramente em ciências estáveis e bem definidas, mas em muitos outros casos o procedimento é compartilhado por várias disciplinas, em outros o apoio de uma determinada ciência é fraco, e em alguns outros componentes não existe procedimento disciplinar algum. Considerando essas características, o modelo tradicional de organizar o currículo mediante matérias ou disciplinas convencionais para um ensino focado no desenvolvimento de competências para a vida é adequado?

> A análise das competências nos permite concluir que sua fundamentação não pode ser reduzida ao conhecimento que os saberes científicos fornecem, o que significa realizar uma abordagem educacional que considere o **caráter metadisciplinar** de grande parte de seus componentes.

9. Se as disciplinas não são suficientes para desenvolver as competências e obter o pleno desenvolvimento da pessoa, uma alternativa deve ser encontrada. No entanto, devemos considerar que a estrutura do sistema escolar, a própria formação dos professores, as características dos modelos existentes para a interpretação da realidade e a organização dos currículos tradicionais estão fundamentados nas disciplinas. Sendo assim, como poderemos abordar um ensino com base em competências que cumpra com seus objetivos e que, ao mesmo tempo, possa se sustentar em uma estrutura sólida e resistente como a que oferecem as disciplinas?

> Um ensino de competências para a vida exige a criação de uma área específica para todos seus componentes de **caráter metadisciplinar**, o qual permita a reflexão e o estudo teórico e, ao mesmo tempo, sua aprendizagem sistemática em todas as outras áreas.

10. A partir dos critérios estabelecidos para o ensino das competências podemos revisar as estratégias metodológicas utilizadas habitualmente. Esta análise nos permite compreender que não existe uma metodologia específica para as competências, e que será necessário acrescentar, suprimir ou mudar aspectos, com maior ou menor grau de profundidade, nessas metodologias para que possam se adequar a um ensino de competências. Porém além desses critérios, de certo modo pontuais, existem características metodológicas gerais que determinem, com clareza, quando uma sequência didática é apropriada para a aprendizagem das competências?

> Não existe uma metodologia própria para o ensino das competências, mas condições gerais sobre como devem ser as estratégias metodológicas, entre as quais vale destacar a de que todas devem ter um **enfoque globalizador**.

11. Somente podemos considerar que uma atuação é competente quando se realiza em uma situação que geralmente é ou pode ser nova. Se de fato é assim, dificilmente poderemos avaliar com precisão se uma competência foi adquirida, posto que somente podemos avaliá-la como competente quando ela se realiza em situações não escolares. É evidente que a função da escola sempre foi idealizada para o futuro, pois o que se avalia, se realiza sabendo que é um meio para conhecer o grau de aprendizagem adquirido, e a possibilidade de ser

aplicado em um futuro mais ou menos distante. Portanto, a avaliação das competências representa também a busca de meios que permitam prever a capacidade de utilizar essas competências em um momento necessário. Aceitando essa premissa, as perguntas que devemos fazer estão relacionadas às características da avaliação das competências e, portanto, a de que forma deve ser realizada, a quais meios devem ser utilizados e em quais momentos deve ser efetuada.

> Conhecer o grau de domínio de uma competência que os alunos adquiriram é uma tarefa bastante complexa, posto que implica partir de situações-problema que estimulem contextos reais e dispor dos meios de avaliação específicos para cada um dos componentes da competência.

O termo competência surge como resposta às limitações do ensino tradicional

O uso do termo competência é uma consequência da necessidade de superar um ensino que, na maioria dos casos, reduziu-se a uma aprendizagem cujo método consiste em memorização, isto é, decorar conhecimentos, fato que acarreta na dificuldade para que os conhecimentos possam ser aplicados na vida real.

Por que temos de falar sobre competências?

No início da década de 1970, e no âmbito empresarial, surge o termo "competência" para designar o que caracteriza uma pessoa capaz de realizar determinada tarefa real de forma eficiente. A partir de então, esse termo se estendeu de forma generalizada, de modo que, atualmente, dificilmente iremos encontrar uma proposta de desenvolvimento e formação profissional que não esteja estruturada em torno de competências. É dessa forma que o mundo empresarial fala sobre gestão por competências: formação de competências, desenvolvimento profissional por competências, análise de competências, etc.

Não muito mais tarde, essas ideias começaram a ser utilizadas no sistema escolar, inicialmente nos estudos de formação profissional, para que, em seguida, se estendessem de forma generalizada ao restante das etapas e dos níveis educacionais: tenta-se identificar as competências básicas do ensino; avaliações com base no domínio de competências são realizadas; nas universidades são elaborados estudos com base em competências, e de forma cada vez mais generalizada, os currículos oficiais de muitos países são reescritos em função do desenvolvimento de competências. Da mesma forma, à identificação das competências que os alunos devem adquirir, como não poderia deixar de ser, são associadas às competências das quais os professores devem dispor para poder ensinar.

Essa é a situação atual, mas quais são as razões que as justificam? Quais são os novos conhecimentos que originaram o questionamento dos modelos existentes sobre a forma de descrever os recursos dos quais qualquer pessoa deve dispor para desempenhar sua função de forma apropriada em um determinado local de trabalho? No âmbito escolar, quais são os argumentos que exigem a revisão de projetos curriculares, obrigando, com isso, que se realize uma mudança de dimensões extraordinárias em todo o sistema educacional?

> A formação inicial e permanente da maioria das profissões centrou-se e se reduziu à aprendizagem de alguns conhecimentos, ignorando as habilidades para o desenvolvimento da profissão.

Saber por saber ou saber para saber fazer. Falso dilema entre teoria e prática

Uma análise das características da formação inicial e permanente da maioria das profissões nos permite analisar de que forma elas centraram-se na aprendizagem de alguns conhecimentos, ignorando as habilidades para o desenvolvimento da correspondente profissão. Uma revisão de programas oficiais dos diferentes cursos universitários e das disciplinas* – com o uso da palavra *temario* (disciplina) podemos observar a tendência para organizar os programas por assuntos, quer dizer, por blocos de conhecimentos – dos concursos para a maioria dos lugares da administração pública permite-nos enxergar como eles estão organizados ao redor dos conhecimentos, ou seja, ao redor do domínio do corpo teórico dos diferentes âmbitos profissionais.

> As provas e os critérios de avaliação da maioria das provas e dos concursos fomentam o caráter dissociado entre teoria e prática, pois os alunos memorizam os assuntos com a finalidade de desenvolver os conhecimentos adquiridos em uma prova, e não para poder aplicá-los.

Se os conteúdos das disciplinas são claramente conceituais e estão desligados da prática profissional, essa característica de dissociação entre teoria e prática se incrementa quando analisamos as provas e os critérios de avaliação de grande parte das provas e dos concursos. Uma simples folheada por esses tipos de provas nos permite ver que estão baseadas em uma demonstração por escrito e, em um tempo limitado, do "conhecimento" que se tem sobre um assunto, sendo poucas vezes, um meio para reconhecer a capacidade de resposta a problemas ou questões da profissão em contextos mais ou menos reais. A isso deve ser acrescentada a fragilidade do modelo avaliador ao gerar algumas estratégias de aprendizagem dirigidas fundamentalmente à memorização de curto prazo. Esse modelo provoca uma maior dissociação entre teoria e prática, pois os alunos se mobilizam para memorizar os assuntos com a finalidade de expor os conhecimentos adquiridos em uma prova, e não para poder aplicá-los às diferentes situações que a vida profissional lhes apresentará.

Se nos detivermos no âmbito da educação escolar, e analisarmos as propostas curriculares de grande parte dos países, poderemos verificar de que forma a pressão dos estudos universitários, por um lado, e uma concepção generalizada sobre o valor intrínseco dos saberes teóricos, por outro, deram lugar a uma educação que priorizou os conhe-

---

*N. de T. No original, *temarios*, isto é, as pautas curriculares que orientam a formação universitária.

cimentos sobre sua capacidade para serem aplicados na prática, apesar das declarações explícitas defendendo um ensino baseado na formação integral, esta entendida como o desenvolvimento de todas as capacidades da pessoa para poder intervir de modo eficaz nos diferentes âmbitos da vida.

O valor do saber por si mesmo determinou, e ainda determina, as características dos sistemas educacionais e a preeminência da teoria sobre a prática, especialmente nos países de tradição católica que, herdeiros dos princípios da Contrarreforma, estão condicionados por um forte componente filosófico de raiz platônica, ao considerar a preexistência de ideias sobre a realidade (o mito da caverna), e promovem, com isso, um pensamento generalizador em favor do *saber pelo saber*. Em contraposição, a importância da teoria sobre a prática não ocorreu da mesma forma nos países de tradição calvinista, que com uma base filosófica de raiz aristotélica (matéria e forma são coisas reais) valorizaram, e ainda valorizam, a capacidade aplicativa do conhecimento. É bem conhecido o menosprezo de muitos membros da "inteligência" de nossas sociedades latinas ao suposto "utilitarismo" do saber anglo-saxão.

> Os países de tradição católica estão condicionados por um componente filosófico de raiz platônica quando consideram a preexistência das ideias sobre a realidade, promovendo um pensamento em favor do saber pelo saber. Os países de tradição calvinista, com fundamentação filosófica aristotélica, valorizaram, e ainda valorizam, a capacidade aplicativa do conhecimento.

O saber escolar a serviço do saber universitário

À premissa do saber pelo saber deve-se acrescentar a concepção do sistema escolar de caráter claramente *propedêutico e seletivo*, que entendeu o ensino como um percurso de superação de etapas sucessivas mediadas cada uma delas por demandas da etapa superior. Dessa forma, a etapa de educação infantil é vista como o meio de preparação para o ensino fundamental que, por sua vez, tem como objetivo preparar para o ensino médio, e esta, finalmente, é o instrumento para a superação das provas de vestibular. Desse modo, essa verdadeira "carreira" sempre é seletiva, posto que nem todos cidadãos e cidadãs de um país podem ser universitários e, portanto, ao longo do processo, muitos são rotulados como "fracassados".

Essa dinâmica educacional, baseada na superação de níveis, determina que os conteúdos prioritários do ensino não são aqueles que deverão desenvolver todas as capacidades do ser humano, mas sim os necessários para superar as provas de vestibular. O resultado é um sistema escolar que, ao fim, forma nas capacidades para poder responder de modo eficaz a algumas provas ou exames consistentes, de forma geral, na reprodução por escrito, de forma mais

> A concepção do sistema escolar de caráter claramente propedêutico e seletivo fez com que se entenda o ensino como um trajeto de superação de etapas sucessivas mediadas, cada uma delas, pelas demandas da etapa superior.

ou menos literal, de alguns conhecimentos e alguns procedimentos os quais se transformaram em rotineiros.

Como consequência, a escola se reduziu a um simples instrumento de transmissão das necessidades que surgem no caminho em direção à universidade. Incluiu, em primeiro lugar, um ensino centrado em matérias ou disciplinas selecionadas com critérios arbitrários, muitas vezes como simples resultado da tradição, quando não como resultado dos interesses de determinados coletivos profissionais; e, em segundo lugar, o posterior desenvolvimento de cada disciplina sob critérios da lógica da própria matéria, a partir da concepção do saber pelo saber, provocando a depreciação da prática sobre a teoria.

A tudo isso devemos acrescentar a concepção da qual dispomos de como nós aprendemos e a capacidade que temos para transferir e aplicar esse conhecimento em diferentes contextos. Atualmente, sabemos que a aprendizagem da maioria dos conteúdos é uma tarefa árdua, na qual a simples memorização de enunciados é insuficiente para sua compreensão, e que a **transferência** e a aplicação do conhecimento adquirido a outras situações diferentes somente é possível se, ao mesmo tempo, tenham sido realizadas as estratégias de aprendizagem necessárias para que a transferência se produza. Apesar disso, ainda é possível encontrar argumentos que, de maneira implícita e outras vezes de forma manifesta, utilizam a concepção vigente na Idade Média pela qual quem sabe "já sabe fazer e sabe ser". Essa forma de outorgar ao conhecimento um valor por si mesmo já foi questionada, na Idade Média mesmo, pelo próprio escritor e pensador Ramon Llull, quando expressou de forma contundente que "o importante não é o saber, mas sim o saber dizer". Referindo-se com os vocábulos "saber dizer" à forma de expressar e transmitir, e à capacidade para aplicar o saber no contexto social e linguístico apropriado. A concepção de que quem sabe "já sabe fazer e saber ser", atualmente inaceitável – considerando o conhecimento científico e o próprio senso comum –, é utilizada ainda por um bom número de profissionais do ensino ao considerar que pelo fato de saber, por exemplo, morfossintaxe, geometria, princípio de Arquimedes ou fotossíntese, alguém já saberá escrever, interpretar as relações entre os elementos de um corpo de três dimensões, a lógica da natação ou os critérios para a poda de um arbusto.

A pressão do saber teórico acadêmico e das ideias errôneas sobre a aprendizagem e a transferência dos saberes determinaram a preponderância dos conhecimentos factuais e conceituais, tanto é assim que para a maioria dos professores a expressão "conteúdos de ensino" se limita apenas aos conhecimentos, ou seja, ao saber, dando por certo que os procedimentos, as habilidades, as estratégias, as atitudes e aos valores são outra coisa, quer dizer, não são objetos da educação e, portanto, não são conteúdos do ensino.

Sendo assim, devemos nos perguntar se a tradição é aceitável nesses momentos, tanto no sistema escolar obrigatório quanto na formação inicial e permanente das profissões. Há sentido na preponderância da teoria sobre a prática? Os conhecimentos devem ser a base dos conteúdos de aprendizagem na escola? Qual deve ser a função do sistema escolar?

A pressão do saber teórico acadêmico e as ideias errôneas sobre a aprendizagem e a transferência dos saberes determinaram a preponderância dos conhecimentos factuais e conceituais, e fizeram com que para a maioria dos professores a expressão "conteúdos de ensino" se limitasse apenas aos conhecimentos.

Crise dos referentes tradicionais

A ascensão de um ensino baseado no desenvolvimento de competências vem motivada pela crise de, pelo menos, três fatores: em primeiro lugar, as mudanças na própria universidade, instituição que, apesar de ser pouco dada a inovações, a partir da necessidade de convergência europeia, está se replanejando profundamente, tanto sua estrutura quanto seus conteúdos. Nesse processo existem diversos pontos de vista sobre a extensão e as características das diferentes áreas universitárias; no entanto, não está sendo objeto de controvérsia o fato de que os conteúdos dos distintos cursos universitários estejam configurados em torno das competências. Nesses momentos, a previsível inserção das competências na universidade já é um fato, e como consequência o sistema escolar não pode permanecer alheio a essas mudanças. A tradição de uma escola como meio de acesso à universidade deve se adaptar às novas demandas.

As mudanças na própria universidade, a pressão social sobre a necessária funcionalidade das aprendizagens e a função social do ensino propiciam falar de um ensino baseado no desenvolvimento de competências.

Em segundo lugar, a maior pressão social sobre a necessária funcionalidade das aprendizagens força a introdução das competências. A constatação da incapacidade de boa parte dos cidadãos escolarizados para saber utilizar os conhecimentos que, teoricamente, possuem, ou que foram aprendidos em seu tempo escolar, em situações ou problemas reais, sejam cotidianos ou profissionais, está incidindo na necessidade de revisar o caráter dessas aprendizagens. O questionamento sobre a desconexão entre teoria e prática provocaram, como consequência, uma forte corrente de opinião favorável a um ensino de competências.

> A escola deve formar em todas as competências imprescindíveis para o desenvolvimento pessoal, interpessoal, social e profissional, superando a função propedêutica e seletiva do ensino tradicional.

Entretanto, o terceiro fator é o determinante e, para nós, o que verdadeiramente agrupa as necessidades da sociedade e, portanto, do sistema educacional. Estamos nos referindo à função social do ensino. Anteriormente mencionamos o caráter propedêutico e seletivo da escola tradicional, resultado de um ensino pensado, no fundo, para as minorias as quais podiam ingressar na universidade. Posição, sem dúvida, inaceitável para as sociedades as quais se consideram democráticas. Devemos reconhecer, como argumenta Perrenoud (1997), que uma escola com essas características fomenta a reprodução de desigualdades sociais. A escola ensina somente as competências necessárias para os quais desenvolverão seu futuro em um contexto universitário, de modo que somente os que se decidem por esse caminho poderão aplicar as "competências" aprendidas. Por outro lado, para todos os que optarem por alternativas, como a incorporação ao mercado de trabalho ou a formação profissional, a maioria das competências aprendidas não serão úteis e, o que é pior, não irão adquirir as competências necessárias para poder se desenvolverem corretamente nesses âmbitos.

O ensino deve ser para todos, independentemente de suas possibilidades profissionais. Formar em todas as capacidades do ser humano, com a finalidade de poder responder aos problemas que a vida apresenta, se converte, assim, na finalidade primordial da escola. A formação integral da pessoa como função básica, em lugar da **função propedêutica**. Um ensino que não esteja baseado na seleção dos "melhores", mas sim que cumpra uma **função orientadora** que facilite a cada um dos alunos o acesso aos meios para que possam se desenvolver conforme suas possibilidades, em todas as etapas da vida; ou seja, uma escola que forme em todas as competências imprescindíveis para o desenvolvimento pessoal, interpessoal, social e profissional.

Necessidades formativas para responder aos problemas da vida

Seguindo por outros caminhos, com o nome de "competências para a vida" recuperamos de forma inesperada a velha tradição da Escola Nova. Uma leitura dos textos de Dewey, Decroly, Claparède, Ferrière, Freinet, Montessori, entre muitos outros, permite-nos atualmente constatar de que forma as novas ideias em torno das competências foram expostas e realizadas por numerosos professores em muitas escolas de todo o mundo durante o século XX. Jargões como "preparar para a vida", "que a vida entre nas escolas", "a escola que investiga o meio", "a escola produtora de cultura e não somente transmissora de cultura", e a importância de uma prática fortemente sustentada pela teoria, fazem com que recordemos o famoso aforismo de Montaigne "formar cabeças bem feitas, não cabeças bem cheias" entre outros, foram defendidos por numerosos grupos de professores durante todo o século passado. Dessa forma, as ideias referentes à formação em competências e para a vida podem recolher o melhor dessa tradição.

Ideias que adquiriram um *status* oficial ao serem compartilhadas pela totalidade das instâncias internacionais que tem competências no campo da educação, como a ONU, a UNESCO e a OCDE, e que consideram que a função da escola deve consistir na formação integral da pessoa, para que esta seja capaz de responder aos problemas que a vida propõe. Vale lembrar o informe Delors (informe elaborado para a UNESCO pela Comissão Internacional sobre a Educação para o século XXI, no ano de 1996: *La educación encierra um tesoro*) ao identificar os quatro pilares fundamentais para este fim: saber conhecer, saber fazer, saber ser e saber conviver.

> Trata-se de recuperar a velha tradição de grupos de professores que, durante o século XX, defendiam esse tipo de ensino e cujas ideias adquiriram *status* oficial ao serem compartilhadas, na atualidade, por todas as instâncias internacionais com competências em educação.

Competências e transformação do sistema escolar

A conveniência da introdução no ensino do termo "competências", como resultado da fragilidade de uma formação inicial na qual a teoria predominou sobre a prática, manifesta-se, ao menos, em três níveis de exigência, cada um deles com um grau diferente de revisão dos currículos tradicionais.

O menos transgressor é a conversão para competências dos conteúdos tradicionais, basicamente de caráter acadêmico. Nesse caso, não existem mudanças nos conteúdos e o que se propõem é uma aprendizagem desses conteúdos a partir de sua vertente funcional. Interessa que o aluno saiba utilizar os conhecimentos das matérias convencionais em contextos variados. Não é suficiente saber morfossintaxe ou uma lei da física ou um conceito matemático ou histórico, o que realmente interessa é a capacidade de aplicar o conhecimento à resolução de situações ou problemas reais. Nesse nível, as mudanças que as competências representam para o ensino são profundas, pois, apesar da aparente permanência dos mesmos conteúdos, a estrutura organizacional da escola, a gestão dos horários e a formação dos professores não estão pensadas nem preparadas para um

> Os níveis de exigência que devem ser introduzidos no ensino são três: a conversão para competências dos conteúdos tradicionais, basicamente de caráter acadêmico; a necessidade de formação profissionalizante; e a decisão de um ensino orientado à formação integral das pessoas.

ensino que, como veremos, exige um tempo maior e uma dinâmica de aula muito distanciada do modelo tradicional de ensino de caráter transmissivo.

O segundo nível de aplicação do termo "competências" no ensino é o que provém da necessidade de formação profissionalizadora. Nesse caso, os conteúdos acadêmicos convencionais não são suficientes, pois não incluem muitos dos conhecimentos teóricos e das habilidades gerais da maioria das profissões, nem os próprios de muitas delas. As competências relacionadas ao saber fazer e ao saber empreender, às quais vale acrescentar todas aquelas relacionadas ao trabalho colaborativo e em equipe, são fundamentais nesse caso. Nesse nível de exigência, às mudanças relacionadas às estratégias de ensino implícitas na aprendizagem das competências, devemos acrescentar a introdução de alguns conteúdos os quais não proveem de disciplinas tradicionais, o que significa que há a necessidade da formação do professor contemporâneo em campos distanciados de seus interesses e conhecimentos.

Por último, o nível mais alto de exigência para o sistema escolar corresponde a um ensino que orienta suas finalidades em direção à formação integral das pessoas. Isso implica que, como vimos, aos pilares do saber e do saber fazer, acrescentem-se outros dois: o saber ser e o saber conviver. Consequentemente, a introdução do termo "competência" no ensino é o resultado da necessidade de utilização de um conceito que responda às necessidades reais de intervenção da pessoa em todos os âmbitos da vida. Fato que exige, como veremos ao longo dos diferentes capítulos deste livro, uma transformação radical da escola.

NA PRÁTICA

Saber língua ou ter competências linguísticas

Com a finalidade de constatar a necessidade de introduzir as competências na escola, vamos utilizar como exemplo o nível de competência linguística que os habitantes de diferentes países possuem, em função da forma de ensino empregada em seus respectivos sistemas educacionais.

É bem conhecida por todos a capacidade da maioria de italianos e argentinos para se expressarem oralmente, características que, como resultado de todas as experiências de linguísticas vividas e as influências dos meios sociais, somente pode ser explicada a partir da vertente educacional, no sentido profundo do termo. Sendo essas experiências e influências não muito diferentes das de pessoas de outros países de procedência latina, nos deparamos com um fator comum, e de acordo com o nosso modo de ver decisório, que une argentinos e italianos: as características da avaliação. Tanto na Argentina quanto na Itália todas as provas importantes são realizadas oralmente.

Disso, deduzimos que as características das provas de avaliação definem não somente o que se aprende, como também a forma de aprender. Determinar a prova oral como o meio fundamental de avaliação desenvolveu tanto no aluno italiano quanto no argentino competências na expressão oral, o que para o restante dos alunos latinos é mais difícil adquirir. No caso do aluno argentino, por exemplo, surgiu a expressão "no me guitarrees" para identificar um discurso aparentemente bem elaborado, mas sem nenhum conteúdo ou ideia consistente.

Se esse exemplo não é suficiente para compreender a relação existente entre competência e provas orais, a forma como são tratados os ensinos das diferentes línguas provenientes do latim e a didática da língua inglesa nos permitem reconhecer a importância relativa que as diferentes didáticas atribuem ao conhecimento linguístico para o seu bom uso.

Sendo as habilidades linguísticas as mesmas em qualquer idioma: falar, escrever, ler e escutar, a importância que é atribuída ao conhecimento da teoria linguística é muito diferente entre as línguas de raiz latina e o inglês.

Se analisarmos a maioria dos livros didáticos de idiomas, seja de francês, espanhol, catalão, galego ou italiano, verificaremos que a própria estrutura dos livros se organiza em seções de compreensão de leitura, gramática, sintaxe e vocabulário. Por outro lado, os livros didáticos de inglês têm a estrutura comum: *reading, listening, wrinting* e *speaking*.

Essas duas tradições didáticas, uma centrada na prática e a outra na teoria da língua, se diferenciam por uma diferente interpretação do papel do conhecimento linguístico na prática linguística. Para alguns é prioritária a teoria sobre a prática, ou seja, consideram que um bom conhecimento de morfossintaxe garante a competência linguística. Para eles, a teoria é tão importante que se pode aprender a língua de forma separada de seu uso. Por outro lado, no tratamento que podemos verificar nos livros didáticos de língua inglesa, a reflexão teórica nunca precede à necessidade de uso e sempre está introduzida por meio de sua aplicação em contextos mais ou menos comunicativos.

O grau de importância que é outorgado ao papel da teoria é tão relevante que podemos comprovar a dificuldade que existe nas escolas para que os departamentos de línguas encontrem estratégias comuns de intervenção. Há essa distância nas diferentes concepções sobre o papel do conhecimento da língua, que torna difícil, quando não impossível, obter acordos entre profissionais que buscam o mesmo: que seus alunos sejam competentes em diversas línguas.

A atuação eficiente das competências em um determinado contexto

2

A competência, no âmbito da educação escolar, identificará o que qualquer pessoa necessita para responder aos problemas que enfrentará ao longo de sua vida. Sendo assim, a competência consistirá na intervenção eficaz nos diferentes âmbitos da vida, mediante ações nas quais são mobilizados, ao mesmo tempo e de maneira inter-relacionada, componentes atitudinais, procedimentais e conceituais.

Em busca de uma definição de competência

No capítulo anterior vimos que a utilização do termo "competência" apresenta-se como alternativa a modelos formativos que, tanto no mundo do trabalho quanto no da escola, são insuficientes para responder às necessidades laborais e aos problemas que a vida apresenta.

Dessa forma, o conceito de competência surge de posições basicamente funcionais, ou seja, com relação ao papel que devem cumprir para que as ações humanas sejam o mais eficiente possível. No entanto, ao mesmo tempo tenta-se definir suas características e sua estrutura, ou seja, seus componentes, e de que forma estes se relacionam, e isso ocorre de tal modo que atualmente existem diversas maneiras de descrever o que se deve entender por competência. Dessa forma, podemos propor diferentes questionamentos com diferentes respostas, nem sempre coincidentes, desde as mais gerais: para que devem servir as competências?, quais são seus campos de intervenção?, em quais situações devem ser aplicadas?, às mais específicas: são capacidades ou talvez habilidades?, e caso seja alguma dessas possibilidades, outros componentes intervêm, qual é a diferença entre competência e atuação competente?

Vejamos de que forma se construiu o conceito de competência, suas diferenças e, de maneira concreta, de que forma pode ser aplicada à educação, para que não se limite a uma "ideia do momento", mas que se torne em um conceito que auxilie a melhorar os processos de ensino e aprendizagem e o próprio sistema educacional.

Diferentes definições do termo competência

A necessidade de conceituar o termo competência provocou o surgimento de diversas e, geralmente, complementares definições, apesar das diferenças substancias em alguns casos.

A necessidade de conceituar o termo competência provocou o surgimento de diversas e, geralmente, complementares definições, apesar das diferenças substanciais em alguns casos. Uma revisão de algumas delas, nos campos profissional e educacional, nos permite reconhecer os aspectos-chave das competências, seja em seu caráter semântico ou estrutural (ver Quadros 2.1 e 2.2).

Definições dentro do campo profissional

Em primeiro lugar, analisaremos diversas definições do termo competência no campo profissional:

McClelland (1973)
McClelland definiu competência como uma forma de avaliar

o que realmente causa um rendimento superior no trabalho.

Na maioria dos estudos sobre as competências profissionais McClelland é citado como o responsável pela origem do conceito. Sua definição centra-se, claramente, na função da competência e, de maneira indefinida, o relaciona à qualidade dos resultados do trabalho.

Lloyd McLeary (Cepeda, 2005)
McLeary definiu competência como

a presença de características ou a ausência de incapacidades as quais tornam uma pessoa adequada ou qualificada para realizar uma tarefa específica ou para assumir uma papel definido.

Essa definição centra-se na manifestação de algumas condições, "a presença de características ou a ausência de incapacidades" para "realizar uma tarefa" ou um "papel definido".

A OIT (2004)
A Organização Internacional do Trabalho ou dos Trabalhadores (OIT) em sua Recomendação 195 sobre o desenvolvimento de recursos humanos propõem a seguinte definição de competência:

Capacidade efetiva para realizar com êxito uma atividade laboral plenamente identificada.

Esta definição engloba a anterior, enfatizando, no entanto, as características da realização da tarefa, ao especificar que a "capacidade" seja "efetiva" em sua realização e que, consequentemente, seja "exitosa". Duas ideias que, na definição anterior, encontram-se de forma implícita, pois se referem à presença ou à ausência de condições em uma "pessoa adequada ou qualificada" para um "papel definido".

Ministério do Trabalho e Assuntos Sociais (1995)
O Decreto Real 797/1995 define competência como:

capacidade de aplicar conhecimentos, habilidades e atitudes ao desempenho da ocupação em questão, incluindo a capacidade de resposta a problemas imprevistos, a autonomia, a flexibilidade e a colaboração com o entorno profissional e com a organização do trabalho.

Se as definições anteriores são de caráter claramente semântico, ao apontar a função que a competência tem, esta definição se centra em sua estrutura, ou seja, em seus componentes: "capacidade de aplicar conhecimentos, habilidades e atitudes ao desempenho da ocupação". Explica que essa capacidade está relacionada à realização de tarefas específicas de âmbito geral: "incluindo a capacidade de resposta a problemas imprevistos, a autonomia, a flexibilidade...".

Dicionário Enciclopédico Larousse
Esta obra define competência da seguinte maneira:

nos assuntos comerciais e industriais, a competência é o conjunto de conhecimentos, qualidades, capacidades e aptidões que permitem discutir, consultar e decidir sobre o que diz respeito ao trabalho. Supõe conhecimentos específicos, uma vez que considera que não há competência completa se os conhecimentos teóricos não são acompanhados pelas qualidades e pela capacidade, as quais, por sua vez, permitem executar as decisões que essa competência sugere.

Como vimos, para definir o termo competência esse dicionário opta por uma definição de caráter estrutural ao mencionar explicitamente seus componentes: "o conjunto de conhecimentos, qualidades, capacidades e aptidões", e desenvolve as tarefas do que entende ser um trabalho determinado ao indicar que deverão permitir "discutir, consultar e decidir". Da mesma forma, diante do temor de uma interpretação convencional dos conhecimentos como saberes teóricos, esclarece que os conhecimentos devem ser aplicados.

INEM (1995)
As competências profissionais definem o exercício eficaz das capacidades que permitem o desempenho de uma ocupação, ou seja, relacionam-se aos níveis requeridos em um emprego.

Trata-se de algo do conhecimento técnico, o qual faz referência ao saber e ao saber fazer. O conceito de competência engloba não apenas as capacidades requeridas para o exercício de uma atividade profissional, como ainda um conjunto de comportamentos, capacidade de análise, de tomada de decisão, transmissão de informação, etc., considerados necessários para o pleno desempenho.

Essa definição de caráter semântico assevera que a eficácia da tarefa corresponde-se com uma determinada ocupação e segundo níveis bem definidos. Ao mesmo tempo, e de modo similar à definição do Ministério do Trabalho, acrescenta um conjunto de comportamentos gerais como "capacidade de análise, tomada de decisão, transmissão de informações, etc., considerados necessários para o pleno desempenho".

Tremblay (1994)
Tremblay entende *competência* como:

sistema de conhecimentos, conceituais e procedimentais, organizados em esquemas operacionais e os quais permitem, dentro de um grupo de situações, a identificação de tarefas-problema e sua resolução por uma ação eficaz.

Tremblay introduz o conceito de *esquemas operacionais* para se referir ao conjunto de possíveis atuações (conhecimentos e procedimentos) com a finalidade de resolver as tarefas-problema de forma eficiente.

Le Boterf (2000)
Para Le Boterf:

competência é a sequência de ações que combina diversos conhecimentos, um esquema operativo transferível a uma família de situações. (...) A competência é uma construção, o resultado de uma combinação relacionada a vários recursos (conhecimentos, redes de informação, redes de relação, saber fazer).

Além da contribuição de Tremblay, Le Boterf, embora mantenha a ideia dos **esquemas operativos** (antes operacionais), amplia o conceito fazendo referência aos recursos que são mobilizados/integrados/orquestrados em *conhecimentos, redes de informação, redes de relação, saber fazer*. Além disso, incorpora o conceito de **família de situações**, que seria o conjunto de possíveis situações-problema com características semelhantes às aprendidas, como na citação anterior, ou *já encontradas*. Também esclarece que cada situação é singular, única e irrepetível.

Da revisão dessas definições de cunho profissional podemos extrair as seguintes conclusões:

- As competências têm como finalidade a realização de tarefas eficazes ou excelentes.
- As tarefas estão relacionadas às especificações de uma ocupação ou desempenho profissional claramente definido, ou seja, um contexto real de aplicação.

QUADRO 2.1 Definições de competência em âmbito profissional

		Dimensão Semântica			Dimensão Estrutural
	O que é?	Para quê?	De que forma?	Onde?	Por Meio de
McClelland	Aquilo	que realmente causa um rendimento superior		no trabalho	
McLeary	Presença de características ou ausência de incapacidades	Pessoa adequada para realizar tarefas específicas			
OIT	Capacidade efetiva	Realizar uma Atividade laboral plenamente identificada	Exitosamente		Capacidades, conhecimentos e atitudes
Ministério do Trabalho e Assuntos Sociais	Capacidade	O desempenho da ocupação de que se trate			Conhecimentos, habilidades e atitudes
Dicionário Larousse	Habilidade	Discutir, consultar e decidir		Sobre o que diz respeito ao trabalho	Conhecimentos, qualidades, capacidades e aptidões
INEM	O exercício das capacidades	Permitem o desempenho de uma ocupação	Eficazmente	Relacionados aos níveis requeridos no emprego	Engloba as capacidades e um conjunto de comportamentos
Tremblay	Capacidade	A identificação de tarefas-problema e sua resolução	Ação eficaz	Dentro de um grupo de situações	Conhecimentos conceituais e procedimentais organizados em esquemas operacionais
Le Boterf			Mobilização de recursos que somente são pertinentes em uma situação		Esquema operativo transferível a uma família de situações.

▸ As competências implicam a realização prática de um conjunto de conhecimentos, habilidades e atitudes.

Definições de cunho educacional

Se revisamos a conceitualização do termo competência no âmbito educacional, veremos que as definições reúnem as principais ideias formuladas na área profissional; no entanto, adotando níveis de maior profundidade e extensão no campo de aplicação e, em alguns casos, precisando a forma em que se mobilizam os componentes da competência.

Conselho Europeu (2001)
No documento *Marco comum europeu de referência para as línguas: aprendizagem, ensino, avaliação,* as competências foram assim definidas:

a soma de conhecimentos, habilidades e características individuais as quais permitem a uma pessoa realizar determinadas ações.

Trata-se de uma definição breve e de caráter estrutural a qual identifica os componentes de competência como "os conhecimentos e as habilidades" e os relaciona com o ambíguo conceito de *características individuais*. Além disso, estabelece sua finalidade de forma muito geral ao descrevê-la como meio para "realizar determinadas ações".

> As definições do termo competência em âmbito educacional reúnem as principais ideias de definições dadas na área profissional, mas adotam níveis de maior profundidade e extensão no campo de aplicação.

A Unidade espanhola de Eurydice-CIDE (2002)
Esse órgão define *competências* como

as capacidades, os conhecimentos e as atitudes que permitem uma participação eficaz na vida política, econômica, social e cultural da sociedade.

Essa definição é estrutural e nela os componentes das competências são "os conhecimentos e as atitudes" mais "as capacidades", termo seguramente assimilável aos termos "habilidades", "estratégias" ou "procedimentos". Estabelece a finalidade da competência na "participação eficaz na vida política, econômica, social e cultural da sociedade".

Organização para a Cooperação e Desenvolvimento Econômico (OCDE, 2002)
No projeto DeSeCo (Definição e Seleção de Competências) realizado pela OCDE, definimos *competência* como

a habilidade de cumprir com êxito as exigências complexas, mediante a mobilização dos pré-requisitos psicossociais. De modo que são enfatizados os resultados os quais o indivíduo consegue por meio da ação, seleção ou forma de se comportar conforme com as exigências.

Essa definição completa-se com a seguinte:

cada competência é a combinação de habilidades práticas, conhecimentos (incluindo conhecimentos implícitos), motivação, valores éticos, atitudes, emoções e outros componentes sociais e comportamentais que podem se mobilizar conjuntamente para que a ação realizada em determinada situação possa ser eficaz.

O DeSeCo estabelece duas definições, uma de caráter semântico na qual expõe claramente que competência é a habilidade de responder de forma exitosa a situações complexas; e outra que acrescenta à primeira o meio para consegui-lo, ao identificar os "pré-requisitos sociais", nome com o qual introduz os componentes da competência, e ao considerar que "cada competência é combinação de habilidades práticas, conhecimentos (incluídos *conhecimentos implícitos*), motivação, valores éticos, atitudes, emoções e outros componentes sociais e comportamentais".

O documento-base para o Currículo Basco (AA.VV., 2005)

Este documento, ao indicar o que entende por competência, estabelece, como DeSeCo, duas definições: uma semântica e outra estrutural. A primeira consiste em:

a capacidade para enfrentar, com chances de êxito, tarefas simples ou complexas em um determinado contexto.

Enquanto a segunda expõe que

uma competência se compõe de uma operação (uma ação mental) sobre um objeto (o que habitualmente chamamos "conhecimentos") para a obtenção de um determinado fim.

A definição semântica apresenta a ideia de que as competências não somente nos ajudam a resolver com êxito tarefas "complexas", como também "simples em um determinado contexto". A definição estrutural, em vez de identificar os três componentes, os relaciona: a uma operação, o qual seria de caráter procedimental, apesar de limitá-la à "ação mental sobre um objeto"; ao **conteúdo conceitual**; e tudo isso relacionado a uma intenção: "a obtenção de um determinado fim", que na maioria dos casos implicará um conteúdo de caráter atitudinal.

Conselho da Catalunha (2004)

A Conselheira de Educação da Catalunha entende como *competência* básica

a capacidade dos alunos para pôr em prática, de forma integrada, conhecimentos, habilidades e atitudes de caráter transversal, ou seja, que integrem saberes e aprendizagens de dife-

rentes áreas, que muitas vezes são aprendidos não somente na escola e que servem para solucionar problemas diversos da vida real[1].

Essa definição de "competência básica" também é de caráter estrutural, ao estabelecer a "integração" dos três componentes, mas apresenta duas novidades: os considera "transversais" e expõe que "muitas vezes são aprendidos não apenas na escola" com a funcionalidade explícita de "solucionar problemas diversos da vida real".

Monereo (2005)

Monereo define e diferencia *estratégia* e *competência* da seguinte maneira:

estratégia e competência implicam repertórios de ações aprendidas, autorreguladas, contextualizadas e de domínio variável..., enquanto a estratégia é uma ação específica para resolver um tipo contextualizado de problemas, a competência seria o domínio de um amplo repertório de estratégias em um determinado âmbito ou cenário da atividade humana. Portanto, alguém competente é uma pessoa que sabe "ler" com grande exatidão o tipo de problema que lhe é proposto e quais são as estratégias que deverá ativar para resolvê-lo.

Monereo diferencia competências de estratégias, ampliando as características das primeiras ao mencionar que "implicam repertórios de ações aprendidas, autorreguladas, contextualizadas e de domínio variável". Entretanto, ao estabelecer a diferença entre elas, "enquanto a estratégia é uma ação específica para resolver um tipo contextualizado de problema", considera a competência como "uma capacidade de ordem superior que integra estratégias" e cuja qualidade específica é a de "sabe 'ler' com grande exatidão o tipo de problema que lhe é proposto e quais são as estratégias que deverá ativar para resolvê-lo". De algum modo se distancia da formulação generalizada de que uma estrutura das competências é formada pelos componentes atitudinais, conceituais e procedimentais, ao entender estratégia, seguramente, como uma subcompetência a qual, sim, integra esses componentes.

Perrenoud (2001)

Perrenoud amplia e aprofunda as definições anteriores da seguinte maneira:

competência é a aptidão para enfrentar, de modo eficaz, uma família de situações análogas, mobilizando a consciência, de maneira cada vez mais rápida, pertinente e criativa, múltiplos recursos cognitivos: saberes, capacidades, microcompetências, informações, valores, atitudes, esquemas de percepção, de avaliação e de raciocínio.

Perrenoud utiliza o conceito de *família de situações análogas* (como vimos em Le Boterf) para se referir à aplicação de "saberes, capacidades, microcom-

---

[1] Esta definição está presente na *Síntesi de resultats de les proves d'avaluació de les competències bàsiques del curs 2003-2004* (Generalitat de Catalunya, 2004).

QUADRO 2.2 Definição de competência no âmbito educativo

	Dimensão Semântica				Dimensão Estrutural
	O que é?	Para quê?	De que forma?	Onde?	Por meio de
Conselho Europeu		Permitem realizar ações			Conhecimentos, habilidades e características individuais.
Eurydice CIDE		Permitem participar, de modo eficaz, na vida política.			Capacidades, conhecimentos e atitudes.
Projeto DeSeCo OCDE	Habilidade	Cumprir com êxito exigências complexas			Pré-requisitos psicossociais, habilidades práticas, conhecimentos, motivações, valores, atitudes e comportamentos.
Currículo Basco (documento-base)	Capacidade	Para se enfrentar tarefas simples ou complexas	Com garantias de êxito	Em um contexto determinado	Operação (uma ação mental) sobre um objeto (é o que habitualmente chamamos "conhecimento") para a obtenção de um determinado fim.
Conselho da Catalunha		Para resolver problemas diversos da vida real			Conhecimentos, habilidades e atitudes de caráter transversal.
Monereo	Domínio	Resolução de problemas		Em determinado âmbito ou cenário da atividade humana	Amplo repertório de estratégias.
Perrenoud	Aptidão	Para enfrentar, de modo eficaz, uma família de situações análogas	Mobilizando a consciência e de maneira rápida, pertinente e criativa		Múltiplos recursos cognitivos: saberes, capacidades, microcompetências, informações, valores, atitudes, esquemas de percepção, de avaliação e de raciocínio.

petências, informações, valores, atitudes, esquemas de percepção, de avaliação e de raciocínio" de forma eficaz e flexível, ou seja, "rápida, pertinente e criativa". Os componentes que identifica nas competências poderiam ser agrupados em conhecimentos, capacidades e atitudes, como defendem a maioria dos autores nas definições que analisamos, no entanto, vai mais além ao acrescentar "microcompetências, informações, valores, atitudes esquemas de percepção, de avaliação e de raciocínio". Entendemos que esses novos elementos se referem, por um lado, ao processo de atuação diante das situações *análogas* que descreve e, por outro, à atitude com a qual se atua em tais situações.

O que entendemos por competência?

Depois de analisar as definições e listar as ideias principais, podemos realizar a síntese apresentada no Quadro 2.3.

> Os componentes das competências centram-se geralmente nos campos dos saber, do ser e do saber fazer.

A partir dessa síntese podemos verificar que existem diferentes formas de expressar os componentes das competências. Assim, podemos destacar que em algumas definições se utilizam termos muito genéricos: "pré-requisitos psicossociais", "recursos cognitivos" ou "repertório de estratégias". Ao mesmo tempo existem várias coincidências ao se resumir esses componentes em três grandes domínios relacionados aos campos do *saber*, do *ser* e do *saber fazer*, de tal modo que nos dois primeiros se utilizam, na maioria dos casos, os termos "conhecimentos" e "atitudes" respectivamente. O mais controvertido é o relacionado ao *saber fazer*; nele podem ser situadas desde habilidades muito simples até estratégias muito complexas. Todavia, se aceitamos que tudo o que se pode aprender está situado em alguma dessas três categorias, parece oportuno, pela firmeza existente no âmbito educacional e, o mais importante, pelas características singulares e específicas que cada uma delas têm no processo de ensino-aprendizagem, chegar ao consenso geral de situar qualquer objeto suscetível à aprendizagem, em algum desses três compartimentos, utilizando, por sua vez, os termos correntes. De maneira que qualquer conteúdo de aprendizagem ou é *conceitual* (saber), ou é *procedimental* (saber fazer), ou é *atitudinal* (ser).

> A competência consistirá na intervenção eficaz nos diferentes âmbitos da vida, mediante ações nas quais se mobilizam componentes atitudinais, procedimentais e conceituais de maneira inter-relacionada.

Partindo dessas definições e nos situando no âmbito educacional, concretamente em uma escola que pretende formar para a vida, entendemos que:

QUADRO 2.3 O que é competência?

É a capacidade ou a habilidade	**O que?**
A existência nas estruturas cognoscitivas da pessoa das condições e recursos para agir. A capacidade, a habilidade, o domínio e a aptidão.	
Para realizar tarefas ou atuar frente a situações diversas	**Para quê?**
Assumir um determinado papel; uma ocupação, em relação aos níveis requeridos; uma tarefa específica; realizar ações; participar na vida política, social e cultural da sociedade; cumprir com as exigências complexas; resolver problemas da vida real; enfrentar um tipo de situação.	
De forma eficaz	**De que forma?**
Capacidade efetiva; de forma exitosa; exercício eficaz; conseguir resultados e exercê-los de modo excelente; participação eficaz; mobilizando a consciência e de maneira cada vez mais rápida, pertinente e criativa.	
Em um determinado contexto	**Onde?**
Uma atividade plenamente identificada; em um contexto determinado; em uma determinada situação; em um âmbito ou cenário da atividade humana.	
É necessário mobilizar atitudes, habilidades e conhecimentos	**Por meio de quê?**
Diversos recursos cognitivos: pré-requisitos psicossociais; conhecimentos, habilidades e atitudes; conhecimentos, e características individuais; conhecimentos, qualidades, capacidades e atitudes; os recursos que mobiliza, conhecimentos teóricos e metodológicos, atitudes, habilidades e competências mais específicas, esquemas motores, esquemas de percepção, avaliação, antecipação e decisão; comportamentos, motivação, valores éticos, atitudes, emoções e outros componentes sociais; amplo repertório de estratégias. Operações mentais complexas, esquemas de pensamento; saberes, capacidades, microcompetências, informações, valores, atitudes, esquemas de percepção, de avaliação e de raciocínio.	
Ao mesmo tempo e de forma inter-relacionada	**Como?**
De forma integrada; orquestrada.	

A competência identificará aquilo que qualquer pessoa necessita para responder aos problemas aos quais se deparará ao longo da vida. Portanto, competência consistirá na intervenção eficaz nos diferentes âmbitos da vida mediante ações nas quais se mobilizam, ao mesmo tempo e de maneira inter-relacionada, componentes atitudinais, procedimentais e conceituais.

Se fizermos uma leitura dessas definições veremos que:

- As competências são ações eficazes diante de situações e problemas de diferentes matizes, que obrigam a utilizar os recursos dos quais se dispõe.
- Para responder aos problemas que as situações apresentam, é necessário estar disposto a resolvê-los com uma intenção definida, ou seja, com atitudes determinadas.

- Uma vez mostrados a disposição e o sentido para a resolução dos problemas propostos, com atitudes determinadas, é necessário dominar os procedimentos, as habilidades e as destrezas que a ação que se deve realizar exige.
- Para que as habilidades cheguem a um bom fim, devem ser realizadas sobre objetos de conhecimento, ou seja, fatos, conceitos e sistemas conceituais.
- Tudo isso deve ser realizado de forma inter-relacionada: a ação implica integração de atitudes, procedimentos e conhecimentos.

A análise de diferentes definições de competência e a proposta que elaboramos nos oferecem dados relevantes para o objeto deste livro, como aprender e ensinar competências, e tudo o que isso representa. No entanto, não são suficientes, pois é necessário conhecer todo o processo que uma pessoa competente desenvolve diante de uma situação determinada para compreender os diferentes recursos que deve utilizar para exercer a competência de forma eficaz.

Processo desenvolvido em uma atuação competente

O ponto de partida é a necessidade de intervir ante uma situação única e complexa em um determinado contexto, e para que seja eficaz será necessário realizar uma série de passos de grande complexidade e em pouco tempo.

Com o objetivo de reconhecer os mecanismos que interferem na execução de uma ação competente vamos realizar uma revisão do processo que se segue (Figura 2.1). O ponto de partida é a necessidade de intervir ante uma *situação única e complexa* em um determinado contexto: situação única, pois, mesmo que as circunstâncias sejam parecidas, nunca serão iguais, e complexa, porque na maioria das ocasiões o número de variáveis que participam e as relações entre elas serão múltiplas.

Para enfrentar uma situação de forma eficaz será necessário realizar uma série de passos complexos em muito pouco tempo:

1. Realizar uma análise da situação a partir de uma visão que assuma a complexidade. Essa análise permitirá identificar os problemas ou questões que possibilitam enfrentar a situação e agir de modo eficiente. Ao mesmo tempo, será necessário escolher os dados mais relevantes que a situação oferece, visando a resolver as questões propostas.

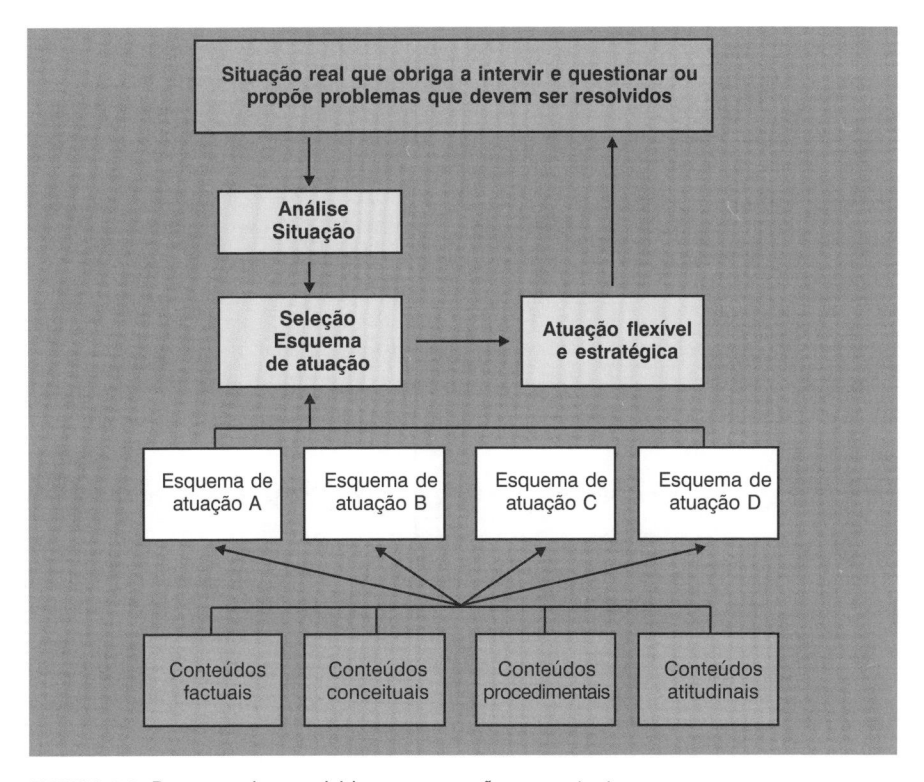

```
┌─────────────────────────────────────────────────┐
│   Situação real que obriga a intervir e         │
│   questionar ou propõe problemas que devem      │
│   ser resolvidos                                │
└─────────────────────────────────────────────────┘
                      │              ▲
                      ▼              │
              ┌──────────────┐       │
              │   Análise    │       │
              │   Situação   │       │
              └──────────────┘       │
                      │              │
                      ▼              │
              ┌──────────────┐   ┌──────────────┐
              │   Seleção    │──▶│ Atuação      │
              │   Esquema    │   │ flexível e   │
              │  de atuação  │   │ estratégica  │
              └──────────────┘   └──────────────┘
                      ▲
         ┌─────┬──────┴──────┬─────┐
         │     │             │     │
    ┌────────┐┌────────┐┌────────┐┌────────┐
    │Esquema ││Esquema ││Esquema ││Esquema │
    │de      ││de      ││de      ││de      │
    │atuação ││atuação ││atuação ││atuação │
    │   A    ││   B    ││   C    ││   D    │
    └────────┘└────────┘└────────┘└────────┘
         ▲        ▲        ▲        ▲
         └────────┴────┬───┴────────┘
         ┌─────┬───────┼───────┬─────┐
    ┌────────┐┌────────┐┌────────┐┌────────┐
    │Conteú- ││Conteú- ││Conteú- ││Conteú- │
    │dos     ││dos con-││dos pro-││dos ati-│
    │factuais││ceituais││cedimen-││tudinais│
    │        ││        ││tais    ││        │
    └────────┘└────────┘└────────┘└────────┘
```

FIGURA 2.1 Processo desenvolvido em uma ação competente.

2. A partir da informação obtida e uma vez identificados os problemas a serem resolvidos, será necessário revisar os esquemas de atuação de que dispomos, que aprendemos e que são os mais adequados para enfrentarmos a situação em questão (com algumas diferenças, poderiam ser o que Perrenoud denomina "esquemas de pensamento"; Monereo, "repertórios de ação"; ou Le Boterf e Tremblay, "**esquemas operativos ou operacionais**"). As possíveis respostas podem ser diversas, portanto, é necessário pesar quais são as mais acertadas. Para isso, efetuaremos uma revisão de todos os dados que extraímos da situação, para, a partir deles, decidir qual dos esquemas de atuação apresentados é o mais adequado.
3. Estamos dispostos a selecionar o **esquema de atuação** mais apropriado e a priorizar as variáveis reais e sua incidência no esquema de atuação aprendido. A partir desse momento podemos passar a aplicar o esquema de atuação, mas sempre a partir de uma posição estratégica, ou seja, empregando-o de forma flexível e adequando-o às ca-

racterísticas específicas da situação real. De algum modo, devemos realizar uma transferência do contexto no qual foi aprendido para o novo contexto, sabendo que, em nenhum, o novo é exatamente igual ao aprendido.
4. Na aplicação em um determinado contexto, será necessária a mobilização dos componentes da competência, ou seja, das atitudes, dos procedimentos, dos fatos e dos conceitos, mas considerando que seu domínio ou conhecimento nunca podem estar separados um do outro, pois competência implica o uso destes componentes de forma inter-relacionada.

Ser competente não é uma questão de tudo ou nada

Em primeiro lugar devemos deixar claro que uma pessoa não é competente em si mesma, no sentido de, como dissemos, a competência necessitar ser demonstrada em uma situação real. Ser competente é, ao agir, mobilizar, de forma integrada, conhecimentos e atitudes mediante uma **situação-problema**, de forma que a situação seja resolvida com eficácia.

No entanto, posto que a situação exigirá um processo complexo prévio (como acabamos de descrever no Capítulo 1), a forma de considerar ou avaliar as atuações das pessoas não poderá limitar-se a tudo ou nada, ou o que é o mesmo, não poderemos classificar uma ação competente em termos de 0 a 10. Dentro de um contínuo entre a atuação menos e a mais competente (entendida como a que consegue a eficácia ótima diante da situação-problema), as diferentes atuações que as pessoas realizem serão situadas nessa linha, dentro dessa gama de opções de competencias. As razões são diversas, algumas podem ser resultado de alguns dos componentes da competência (conhecimentos, procedimentos ou atitudes), não terem sido aprendidos de forma excelente, ou então, que a pessoa tenha problemas para integrar todos os componentes de forma adequada, ou também, pode se dever a dificuldades na transferência para o contexto no qual deve ser aplicada. Diante dessas considerações, devemos ter presente que quando, ao longo deste livro, nos referirmos a competências, o faremos aludindo à forma de atuação mais eficaz da pessoa (no momento de demonstrar a competência), mesmo sabendo que é difícil

A forma de considerar ou avaliar as atuações das pessoas se centrará em um contínuo entre a atuação menos competente e a mais competente.

encontrar atuações ideais em cada situação, e considerando que, na prática, as atuações, se encontrarão dentro do contínuo que vimos descrevendo.

Assim, pois, o termo competência não indica tanto o que alguém possui quanto o modo como atua em situações reais para realizar tarefas de forma excelente. Não é possível afirmar que uma pessoa seja capaz de demonstrar certa competência até o momento em que aplica seus conhecimentos, suas habilidades e suas atitudes na situação adequada, resolvendo-a de forma eficaz. Por esse motivo, as competências têm implícito o elemento contextual, referido no momento de aplicar os saberes às tarefas que a pessoa deve desempenhar.

No entanto, visto que cada situação é única e diferente das demais, por mais elementos que compartilhem, é possível que uma pessoa demonstre algumas competências em certas situações e não em outras. Por exemplo, uma pessoa pode demonstrar que possui habilidades comunicativas em diversas situações, tanto em uma conversação informal com um amigo quanto em uma negociação no campo profissional ou em uma exposição diante de um grupo de pessoas, e, por outro lado, em outra situação, diante de alguém, não ser capaz de se comunicar de modo eficaz. Se considerarmos somente esta última situação, qualquer um se atreveria a afirmar que a pessoa que tomamos como exemplo não possui a competência da comunicação interpessoal. No entanto, o certo é que, nesta última situação, influem muitos fatores tanto por parte do emissor quanto do receptor: a predisposição, os conhecimentos prévios sobre o tema, os seus estados psicofísicos no momento da comunicação, a ideia preconcebida que têm um do outro, os interesses de ambos com respeito aos resultados que desejam alcançar, etc. Dessa forma, as pessoas não são competentes, mas sim que em cada situação demonstram um maior ou menor grau de competência para resolvê-la de forma eficaz.

> O termo competência não indica tanto o que alguém possui quanto o modo como atua em situações reais para realizar tarefas de forma ideal.

> As pessoas não são competentes, mas sim demonstram em cada situação um maior ou menor grau de competência.

NA PRÁTICA

Competência para se orientar no espaço

São muitos os exemplos que poderíamos apresentar sobre a aprendizagem de conteúdos a partir de sua vertente conceitual ou integrados em uma atuação competente. Dia a após dia, as pessoas que vivem em Barcelona, por exemplo, podem constatar de que forma a própria administração da cidade é consciente da diferença entre *conhecer* e *ser competente*.

Qualquer motorista que tenha necessidade de sair do centro da cidade para se dirigir, por exemplo, a Zaragoza, e siga por uma das vias principais, a Via Augusta, em um momento do trajeto se deparará com um painel informativo que lhe oferecerá três possibilidades, Rótula de Dalt sentido Llobregrat, túneis de Vallvidrera e Rótula de Dalt sentido Bésos. O motorista sabe que o caminho dos túneis não lhe serve, portanto deve optar pelas outras duas possibilidades, mas se desconhece onde estão situados os rios Llobregat e Besós dificilmente poderá escolher o caminho certo. Visto que o tempo de que dispõe para decidir é limitado, pois essa avenida tem uma circulação intensa, e a pressão dos demais motoristas é impressionante, a decisão deve ser rápida e sem nenhuma possibilidade de distração. O mais provável é que, ao fim, alguém acabe nos imediatos túneis de Vallvidrera, os quais, certamente, possuem pedágio.

Devido ao fato de que até o momento ninguém pôde demonstrar a existência de uma relação entre os encarregados da sinalização e a empresa que administra os túneis, supõem-se que a decisão será tomada, apesar da existência de uma solução que seria útil não só para todos os turistas ou estrangeiros, como também para os próprios motoristas da cidade. Utilizar os pontos cardiais, em vez das referências dos dois rios, indicando a Rótula de Dalt sentido Sul, seria uma solução simples e, em princípio, válida para todos, no entanto exigiria que os motoristas fossem capazes de utilizar para se orientarem o conhecimento que já possuem dos pontos cardiais. E é aí que os técnicos da Prefeitura de Barcelona são conscientes da formação de seus cidadãos e sabem que, embora a imensa maioria da população seja escolarizada e que tenha conhecimentos sobre os pontos cardiais, muitas pessoas são incapazes de utilizar esse conhecimento para se orientarem, ou seja, não dispõem da competência que lhes permitirá intervir, de maneira eficiente, mediante uma situação real na qual seja necessário aplicar conhecimentos determinados. Portanto, no momento de estabelecer os referentes para indicar o caminho a ser seguido, é preferível utilizar os nomes dos rios porque, ao menos, aqueles que sabem onde eles estão situados, poderão escolher a direção correta.

Essa diferença entre o conhecimento dos pontos cardiais, neste caso, e a competência em sua utilização é um exemplo do que identificamos como o primeiro nível de exigência, pois se trata de uma competência relacionada a um conteúdo presente em todos os currículos.

Se pensarmos no que implica a diferença entre ser competente para se orientar ou saber responder a provas específicas sobre os pontos cardiais – situar, em uma folha, os pontos N, S, L e O – repararemos que as mudanças para o ensino são notáveis.

O modelo de ensino eficaz para que os alunos adquiram o conhecimento sobre os pontos cardiais pode se limitar: a uma ou duas sessões de caráter expositivo, acompanhadas de exercícios mais ou menos sistemáticos, que consistam em situar os pontos cardiais em seus respectivos lugares na Rosa dos Ventos. Tudo isso com a organização convencional da aula, isto é, sem a necessidade de se deslocar da carteira; ou, por outro lado, pode se limitar a conseguir que os alunos sejam capazes de utilizar os pontos cardiais com vistas a se orientarem no espaço, necessariamente empregando uma forma de ensinar muito distante do modelo transmissivo, à qual se deverá dedicar muitas sessões e na qual os alunos não poderão estar sempre sentados em suas carteiras, mas sim, deverão realizar exercícios sistemáticos de orientação, primeiro na própria aula e, posteriormente, em diferentes espaços da escola e das redondezas.

A competência sempre envolve conhecimentos inter-relacionados a habilidades e atitudes   3

A competência e os conhecimentos não são antagônicos, pois qualquer atuação competente sempre envolve o uso de conhecimentos inter-relacionados a habilidades e atitudes.

Competências *versus* conhecimentos

Das diferentes definições do termo competência revisadas no capítulo anterior, incluindo nossa proposta, não é possível deduzir que o domínio das competências ocorra em detrimento do conhecimento, muito pelo contrário. O surgimento do termo foi consequência da incapacidade de aplicabilidade de muitos conhecimentos teoricamente aprendidos, a situações reais, tanto da vida cotidiana quanto profissional. Apesar disso, pode parecer que as competências, ao serem uma alternativa a um determinado tipo de ensino de conhecimentos, representem, inegavelmente, sua negação. Diante do dilema entre teoria e prática, optar por um ensino baseado em competências parece uma aposta pela prática e, consequentemente, uma rejeição dos conhecimentos.

No entanto, até que ponto essa opção é correta? Qual papel têm os conhecimentos em um ensino de competências? E, visto que o relativismo da aprendizagem dos conhecimentos de forma mais ou menos memorística está relacionado às correntes da "pedagogia ativa", até que ponto o ensino das competências pode estar mediado por opiniões adversas a essas opiniões pedagógicas?

Escola tradicional e escola ativa. Dois modelos irreconciliáveis de entendimento do ensino

O ainda fraco fundamento científico do ensino levou a que as interpretações sobre os modelos ou as tendências educacionais sejam, geralmente, de extrema simplicidade. Deste modo os modelos educacionais, novos ou antigos, foram adjetivados sob rótulos esquemáticos e, a partir daí, desqualificados ou elogiados globalmente sem uma análise profunda de suas características. Adjetivações e valorizações como consequência de uma visão linear da educação que não reconhece a enorme complexidade dos processos de ensino e aprendizagem.

> A polêmica entre a chamada escola "tradicional" e as diferentes pedagogias alternativas que surgiram ao longo do século XX corresponde à visão simples e simplificadora do ensino que ocorreu ao longo da história da educação.

Essa visão simples e simplificadora do ensino comportou, ao longo da história da educação e ainda em nossos dias, debates estéreis baseados em posições maniqueístas, nos quais a valorização de qualquer de seus componentes ou de suas características somente foi possível a partir da confrontação. Foi assim que surgiram os diferentes contra-argumentos a partir de perspectivas polarizadas, muitas vezes opostas e sem nenhuma possibilidade de acordo. Um claro exemplo é a polêmica entre a escola chamada "tradicional" e as diferentes pedagogias alternativas que surgiram ao longo do século XX.

A partir dessa visão simplificada, descreveu-se a escola tradicional mediante características esteriotipadas como o valor que ela atribui à memorização, à importância do saber enciclopédico, ao peso da disciplina, à importância do livro didático, às notas ou aos informes quantitativos, etc. Por outro lado, e em contraposição a essa descrição, temos a definição esquemática de uma escola "inovadora", fundamentada na compreensão dos conhecimentos, na importância dos processos, nas formas de organização dos alunos baseadas na autogestão, no papel das bibliotecas de aula como recurso didático e nas avaliações qualitativas.

> O descrédito de uma aprendizagem baseada na memorização mecânica comportou uma notável desvalorização dos conhecimentos.

Essa simplificação e a correspondente polarização esquemática desenvolveram comportamentos que, embora muitas vezes bem-intencionados, perverteram as próprias razões as quais justificavam a necessidade de mudança. A polarização é inegável e ainda permanece em nossos dias, de tal modo que, a partir das críticas à escola tradicional, esta foi caracterizada como possuindo um ensino expositivo e transmissor no qual a memorização é entendida como algo mecânico, a disciplina concebida como autoritária e o livro didático como o único instrumento para o planejamento da aula. A essa visão se contrapõe, em uma clara aplicação da lei do pêndulo, uma resposta também simplificada, na qual somente são admissíveis estratégias de ensino nas quais os alunos estejam em constante atividade e nas quais se desqualifica qualquer tarefa baseada na memorização, do mesmo modo que a rejeição à disciplina converte-se, inevitavelmente, em *laissez faire*, e a resposta alternativa ao livro didático é uma vingança da fotocópia.

Memorização ou compreensão, conhecimentos ou procedimentos. Falsas dicotomias

No século passado, os movimentos educacionais progressistas apontaram como princípio metodológico a atividade dos alunos. Foi o resultado de uma visão *puerocêntrica* do ensino para consequências do conhecimento cada vez mais elaborado dos processos de aprendizagem, e, ao mesmo tempo, do deslocamento do ponto de visão para o saber fazer, ou seja, para os procedimentos, para as técnicas e para as habilidades. Foi produzido por uma valorização e por uma rejeição global a uma forma de ensinar na qual se associava o conhecimento à forma na qual este era aprendido. Aprender conhecimentos implicava a memorização e a reprodução mais ou menos literal de textos, definições e enunciados com uma visão acumulativa e enciclopédica do saber. O descrédito de uma aprendizagem baseada na memorização mecânica significou uma notável desvalorização dos conhecimentos.

A reação crítica para o modelo tradicional transmissivo partia de dois princípios suficientemente fundamentados: em primeiro lugar, de que a compreensão prévia dos conhecimentos é um passo indispensável às atividades de memorização; e, em segundo lugar, de que esta compreensão somente é possível quando o aluno, mediante um processo que sempre é pessoal, reconstrói ou elabora o objeto de estudo por meio de atividades as quais exigem dele uma grande atividade mental. Princípios fundamentados, por sua vez, pela ideia de que a função do ensino consiste em dotar os alunos de recursos que os habilitem a responder a problemas reais, e não em facilitar somente os recursos necessários. Estas ações tinham como fim a superação exitosa das provas e dos exames, quase sempre de caráter de memorização.

Esses dois princípios se contrapõem a algumas das ideias que ainda estão presentes no pensamento de boa parte dos professores, como podemos ver, por exemplo, nos comentários de alguns deles quando aconselham às crianças a utilizar somente estratégias de memorização para a aprendizagem de conteúdos que possuem certa complexidade conceitual. Isso se justificaria pela consideração de que, certamente, dentro de poucos anos aquele conhecimento "aprendido" será, por fim, "compreendido".

> A criação crítica para o modelo tradicional transmissivo partia de dois princípios: de que a compreensão prévia dos conhecimentos é um passo indispensável para as atividades de memorização, e de que a compreensão somente é possível quando o aluno reconstrói ou elabora o objeto de estudo mediante atividades que exigem grande atividade mental.

A priorização dos conteúdos procedimentais e a defesa de métodos de ensino sustentados de forma dogmática no princípio da ação pela ação foram os dois mais frequentes erros que algumas escolas, chamadas "ativas", incorreram.

A despeito de que esta evidente fundamentação da necessidade de compreensão dos objetos de aprendizagem e de que o aluno efetue uma grande atividade mental para que a compreensão seja produzida, a própria esquematização e simplificação dos princípios os quais a sustentavam e a necessidade de fugir das marcas de identidade da escola tradicional fizeram com que muitas das chamadas escolas "ativas" caíssem em dois grandes erros inter-relacionados. Por um lado, a importância desmedida do saber fazer sobre o saber, ou seja, a priorização dos conteúdos procedimentais, e uma relativização, quando não um verdadeiro menosprezo, dos conteúdos conceituais; e, por outro lado, a defesa de métodos de ensino sustentados, de forma dogmática, no princípio da ação pela ação.

Esse falso ativismo defende que os alunos devem estar permanentemente realizando atividades nas quais se priorize o fazer pelo fazer.

Essa forma de agir é denominada **falso ativismo**, pois realiza uma análise simplificada dos métodos relacionados à pedagogia ativa, ao se deter em fatores irrelevantes e não se aprofundar nas razões profundas da crítica ao modelo tradicional e ao conhecimento rigoroso dos modelos explicativos de aprendizagem.

Assim, em primeiro lugar, essa forma de proceder não compreende que, para que os conteúdos procedimentais sejam aprendidos não é suficiente seu uso mais ou menos frequente. Para que sejam dominados, é imprescindível seguir um processo que sempre inicia por uma descrição ou uma visualização do modelo a ser seguido, para passar, imediatamente, à realização sistemática de exercícios sequenciados de forma progressiva – do mais simples ao mais complexo. Em segundo lugar, o **conteúdo procedimental** é aprendido quando os alunos lhes atribuem sentido e significado, e isso é possível somente quando as atividades são conduzidas sobre conteúdos reais, o que significa, inevitavelmente, sua utilização sobre os objetos de conhecimento. Sem conteúdos conceituais sobre os quais aplicar procedimentos é impossível que eles sejam aprendidos de modo significativo, entendendo por isso a capacidade de serem utilizados em qualquer situação. No entanto, o mais substancial é que essas atividades são importantes não somente pelo fato de que com elas se aprendem técnicas e estratégias educativamente relevantes, mas também porque são o principal meio para que o aluno possa realizar a atividade mental necessária, com a finalidade de compreender os diferentes conteúdos conceituais imprescindíveis para entender o mundo no qual vivemos e os fenômenos que nele ocorrem.

A este déficit de falta de sistematização do processo de ensino dos procedimentos e a imprescindível necessidade de entender as atividades como meio para a construção de significados, vale acrescentar a falta, em muitos casos, da introdução de atividades que ajudem a recordar, posteriormente, o que se compreendeu, ou seja, o uso de estratégias da tão "famosa" memorização. O problema não é o simples dilema entre memorizar ou não memorizar, mas sim quando, de que forma e por que os alunos devem realizar atividades de memorização.

A pedagogia ativa, a qual surgiu como alternativa a um ensino que não respondia às necessidades de uma formação para a vida, perverteu-se, em muitos casos, quando se definiu como uma contraposição aos modelos expositivos, enfatizando os antagonismos, em vez de aprofundar suas razões de existirem. Essa sucessão de erros propiciou fáceis desqualificações globais das formas de ensino alternativas ao método tradicional, afundadas em uma preguiça mental para analisar as profundas razões que as sustentam e marcadas pela resistência à mudança de uma boa parte dos professores.

> A falta de atividades que ajudem a recordar é fato comum. Não é o simples dilema entre memorizar ou não memorizar, mas sim quando, de que forma e por que os alunos devem realizar atividades de memorização.

> A sucessão de erros justificou diversas desqualificações globais das formas de ensino alternativas ao método tradicional.

As competências: instrumentos para a superação das falsas dicotomias

Como vimos no Capítulo 1, o termo competência surge como superação à visão simplista da educação e, neste caso, entre um ensino fundamentado somente na memorização, e outro baseado na ação pela ação. Esse termo representa a alternativa que supera as diferentes dicotomias, vigentes no século passado, que são: memorizar e compreender; conhecimentos e habilidades; teoria e prática. Sabemos que para ser competente em todas as atividades da vida é necessário dispor de conhecimentos (fatos, conceitos e sistemas conceituais), embora eles não sirvam de nada se não os compreendemos nem se não somos capazes de utilizá-los. Para isso devemos dominar um grande número de procedimentos (habilidades, técnicas, estratégias, métodos, etc.) e, além disso, dispor da reflexão e dos meios teóricos que os fundamentem. A melhoria da competência implica a capacidade de refletir sobre sua aplicação, e para alcançá-la, é necessário o apoio do conhecimento teórico.

> O termo competência representa a alternativa que supera as dicotomias: memorizar e compreender; conhecimentos e habilidades; teoria e prática.

> A melhoria da competência implica a capacidade de refletir sobre sua aplicação, e para alcançá-la, é necessário o apoio do conhecimento teórico.

> É impossível responder a qualquer problema da vida sem utilizar, para sua resolução, estratégias e habilidades sobre componentes factuais e conceituais dirigidos, inevitavelmente, por pautas ou princípios de ação de caráter atitudinal.

A competência nos oferece um parâmetro fiel para poder ver o grau de compreensão que as ações humanas devem ter ao situar o valor do conhecimento, da habilidade e da atitude em função das necessidades que as pessoas devem responder. Quando analisamos qualquer ação competente, ou seja, qualquer competência, verificamos que é indispensável dispor ao mesmo tempo de conhecimentos e dominar procedimentos. Não há nenhuma ação humana em que apareçam de forma separada esses elementos, pois é impossível responder a qualquer problema da vida sem utilizar estratégias e habilidades sobre componentes factuais e conceituais, dirigidos, inevitavelmente, por pautas ou princípios de ação de caráter atitudinal.

O debate sobre a importância relativa de alguns conteúdos sobre outros e sua assimilação a uma outra corrente de pensamento pedagógico é o empecilho de antigas confrontações, que, embora vigentes em nossos dias, não superam a mínima análise relacionada às necessidades educativas da pessoa e do atual conhecimento científico sobre os processos de ensino e aprendizagem.

NA PRÁTICA

As competências relacionadas a "aprender a aprender" e os modelos de ensino

Para ilustrar a tendência esquematizadora do ensino e a fácil valorização acerca de posições contrárias ao próprio pensamento, podemos referir um artigo que questiona o ensino das competências relacionadas ao **aprender a aprender**, entendidas como contraposição à aprendizagem de conhecimentos, acrescentando em sua argumentação comentários negativos sobre os modelos de ensino "ativos".

O artigo "Aprender a aprender... o quê?" foi escrito pelo professor catedrático de sociologia da Universidade Autônoma de Barcelona, Salvador Cardús, e publicado em outubro de 2004 no jornal *Avui*. Cardús associa aprender pelo aprender a um debate entre procedimentos e conhecimentos, relacionando o princípio educacional ao falso ativismo. Classifica *aprender pelo aprender* dentro da corrente *progressista*, que, em sua opinião, e como reflete o fragmento seguinte, menospreza os conhecimentos:

> ... cada vez que escuto o monótono jargão do aprender pelo aprender, sinto um calafrio que me incomoda. Entendo o que se quer dizer e por que se diz. Como cientista social sei que os conhecimentos não são eternos e como professor sou partidário de incorporar permanentemente novas metodologias docentes. Até aqui, tudo bem. No entanto, temo que isso vá muito além. Uma sociedade que muda tão rapidamente como a nossa, dificilmente pode querer algo que nos possa prender ao passado. De maneira que se queremos, de modo efetivo, educar indivíduos dóceis para uma mudança acelerada, nada melhor do que lhes poupar a memória, e seria melhor, também, que não saibam nada que os prenda a nenhuma tradição do conhecimento...

Atualmente, como temos dito, essa dicotomia entre procedimentos e conhecimentos deveria estar totalmente superada. Nesse artigo, escolhido como exemplificação das diferentes concepções apresentadas, vemos de que maneira se produz a simplificação do que significa ensino, atribuindo valores a tendências opostas, no caso de Cardús, apontando alguns valores positivos no conhecimento e na memorização (símbolos do ensino tradicional), em contraposição aos procedimentos que são associados à competência de aprender a aprender e à tendência contrária:

> Aprender a aprender poupa o incômodo de ter de saber algo, não apenas a alguém que deverá aprender, mas também a quem deverá ensinar. Trata-se, simplesmente, de desenvolver algumas capacidades cognitivas apropriadas para se adaptar, de forma superficial, a processos simples que são sempre mutáveis. Além disso, pode-se aban-

donar definitivamente a dificuldade de ter que exercitar a memória, de treinar a força de vontade ou de educar o caráter, visto que criariam enormes resistências e poderiam arriscar todo o sistema.

Como podemos apreciar neste fragmento do artigo, o autor reduz o princípio do aprender a aprender a uma visão dicotomizada do ensino, sem considerar que as competências relacionadas ao aprender a aprender para alcançar o conhecimento somente são possíveis quando as estratégias e as habilidades que as compõem estão estreitamente relacionadas aos conhecimentos; posto que as competências para aprender a aprender somente são assim quando suportam uma maior bagagem possível de conhecimentos, pois se é mais competente para aprender a aprender quando o conhecimento acumulado é maior. Seguramente Cardús compartilha dessas ideias, no entanto mantém suas reservas porque dispõe de uma visão simplificada da pedagogia atual, ao associá-la, neste caso, a métodos que negam a memorização. É bem sabido, ou deveria ser, que não existe nenhum pronunciamento por parte de nenhuma corrente pedagógica inovadora que questione a necessidade da memorização. Todo profissional do ensino sabe que os conhecimentos de caráter factual somente podem ser aprendidos com exercícios de memorização simples. Entretanto, todos sabem que quando esses conhecimentos são abstratos, os conceitos, os sistemas conceituais e os princípios, a memorização simples não serve para nada senão para a reprodução literal em uma prova ou em um concurso televisivo. Os conhecimentos conceituais exigem um processo prévio, nada simples, de compreensão. Processo de compreensão e elaboração pessoal que exige uma grande atividade mental por parte dos alunos. Essa atividade variará em função das capacidades de abstração dos alunos, e somente será possível mediante a observação, experimentação, exemplificação, contraste, etc. Atividades muito distanciadas da simples leitura e da memorização de enunciados. Em qualquer caso, aprender a ser competente para aprender a aprender nunca representa o abandono da memória, da força de vontade ou da educação do caráter.

E mais, entendendo o aprender a aprender como uma competência básica para se desenvolver profissionalmente e nos demais âmbitos da vida, esse princípio adquire valor exatamente no que o autor nega sobre ele. É o mesmo que dizer que esse princípio nasce da velocidade na qual as mudanças se sucedem e em que o conhecimento avança; portanto, a escola deve desenvolver a competência de aprender a aprender justamente para que as pessoas possam seguir se formando ao longo da vida e assimilar essas mudanças, com a finalidade de se adaptar às novas necessidades formativas que a vida e seu trabalho lhes apresentarem.

Cardús cai no erro dos modelos diferenciados e estigmatizados e tira conclusões superficiais sem realizar uma análise profunda do que representa esse princípio para a formação das pessoas. Aprender a aprender é uma ideia que se compõe de estratégias cognitivas ou procedimentos cognitivos e, como vimos, sempre sobre **conteúdos factuais** ou conceituais, fato que o autor não considera, se analisarmos o seguinte texto:

> Dessa forma, dão por fato que se pode aprender a valorizar independentemente do saber... Em resumo, um conjunto de tópicos mais úteis para desmascarar o tipo de ideologia que recebem e não para descobrir as contribuições de alguma teoria pedagógica bem fundamentada...

O objetivo da educação por competência é o pleno desenvolvimento da pessoa

4

Para que se possa decidir quais competências são objeto da educação, o primeiro passo é definir quais devem ser suas finalidades. Existe um consenso de que as finalidades devem contribuir para o pleno desenvolvimento da personalidade em todos os âmbitos da vida.

Formação integral e para a vida: princípios de aceitação geral, mas de pouca aplicação

No primeiro capítulo destacamos, por um lado, que a obrigação de proporomos um ensino baseado no desenvolvimento das competências provém, em boa medida, da necessidade de uma alternativa a modelos formativos os quais priorizam o saber teórico sobre o prático, o saber pelo saber e, por outro lado, que a maioria das declarações atuais sobre o papel do ensino se direcionam a considerar que ele deve se orientar para o desenvolvimento de todas as capacidades do ser humano, ou seja, para a formação integral das pessoas. Até agora podemos compreender a importância do uso do termo "competência" como uma forma de entender que o saber deve ser aplicável, que o conhecimento toma sentido quando aquele que o possui é capaz de utilizá-lo. No entanto, quando optamos pela formação integral ou para a vida, não apenas se entende que o conhecimento deve ser aprendido de modo funcional, como também que, além disso, deve-se ser competente em outros âmbitos da vida, incluindo o acadêmico, e é precisamente no âmbito escolar, em que pese sua história, o lugar no qual a formação em competências converte-se em uma verdadeira revolução.

Uma pesquisa sobre o uso do conceito formação integral em declarações de numerosas instâncias nos permite concluir que é uma ideia amplamente compartilhada no ensino obrigatório. Dificilmente podemos encontrar opiniões que inicialmente não aceitem este preceito; no entanto, como costuma ocorrer com muitas ideias, quando estas se situam no campo dos grandes princípios existe um aparente acordo de que, de modo geral, fica desmentido no posterior desenvolvimento do currículo, tanto nos próprios objetivos educacionais quanto na definição das disciplinas ou áreas curriculares, na seleção dos conteúdos a serem aprendidos e, em especial, na determinação dos critérios de avaliação.

O mesmo podemos dizer quando falamos do conceito formar para a vida. Dificilmente encontra-se opiniões que questionem que a educação deve ter como finalidade os meios para preparar para a vida; todavia, na realidade, como resultado de décadas de uma escola propedêutica e seletiva, provocou uma prática docente na qual a formação integral e a educação para a vida se reduzem, em todo o caso, a uma formação integral acadêmica e a um formar para a vida, ou seja, para a vida acadêmica. Sendo assim, vemos a necessidade de apontar os argumentos a favor e contra a essas posições.

O histórico debate sobre a escola que deve instruir ou a escola que deve educar

A antiga controvérsia sobre o papel que deve ter a educação não adquiriu dimensões universais até esse momento. Que a escola dever ser algo mais do que transmissora de conhecimentos, na realidade, conhecimentos acadêmicos, é um desejo defendido historicamente desde que existem instâncias regidas pela formação. Se nos fixarmos nos primeiros textos clássicos, a formação daqueles "sortudos" que tinham a oportunidade de recebê-la se definia a partir de intenções nas quais primava o desenvolvimento global da pessoa. A partir do século XVI, os ainda muito minoritários processos intencionais de ensino incluíam a leitura, a escrita, as noções matemáticas e as medidas que visavam ao desenvolvimento de outras capacidades, sendo a formação religiosa a reguladora de todas elas. A revolução burguesa promoveu a ampliação do ensino a um maior número da população, fundamentalmente membros da burguesia e da pequena burguesia. Produziu-se a extensão de modelos educacionais que, apesar de algumas intenções que se pretendiam educadoras, iniciaram priorizar por conteúdos que podiam ser vitais para a formação de uma elite universitária. A partir desse momento aumenta a concepção de *escola* como primeiro e indispensável passo para aqueles que desejam chegar à universidade. Portanto, são conteúdos educacionais aqueles que são considerados pré-requisitos para os cursos universitários e que são agrupados em torno de disciplinas tradicionais e reconhecidas.

Essa escola marcada por seu caráter propedêutico condiciona partir daí o sentido do ensino. Em que pese a possibilidade de um maior número de alunos frequentar à escola e a impossibilidade material de custear os custos de uma formação extensa para todos, origina-se o estabelecimento dos percursos escolares: um curto, dirigido à maioria da população, e outro longo, para aqueles que podem chegar até a universidade. Os sistemas que sempre foram seletivos determinam assim, de forma explícita e regulada, dois percursos educacionais subordinados um ao outro, ou seja, um ensino para todos, mas pensado como passo prévio, e a continuidade, outro ensino para uma minoria privilegiada. De tal modo que as etapas básicas, ou comuns, não são propostas em função de um conjunto de alunos que somente terá a possibilidade dessa formação, mas sim como uma fase a mais da formação "pré-universitária", estabelecendo, de forma coerente com essa finalidade, uma seleção de conteúdos como condição para ter acesso aos diferentes cursos universitários.

Esse processo faz com que a escola seja uma acumulação de saberes que, de modo geral, só são necessários para estudos posteriores. De algum modo, excetuando-se os recursos básicos de leitura, escrita, calculo e noções gerais de geografia, história e ciências naturais, a escola promove uma formação para ser "competente" em algo que uma boa parte da população nunca vai necessitar. Se a isso acrescentamos uma forma de ensinar baseada em modelos de transmissão e reprodução verbal, é lógico que, já nas primeiras décadas do século passado, surgiram em todos os países, grupos de professores que questionaram em profundidade essa escola. Com diferentes nomes: escola moderna, escola ativa, escola nova, escolas progressistas, etc., se estenderam movimentos alternativos, mas sempre de forma minoritária.

> Esse processo determina que a escola seja uma acumulação de saberes, os quais geralmente só são necessários para posteriores estudos universitários. Nas primeiras décadas do século passado, surgiram, em muitos países, grupos de professores que questionaram, em profundidade, esse tipo de escola.

O papel da escola em questao.
Novas perspectivas e velhas resistências

Esses movimentos educacionais defenderam, de forma unânime, não apenas a necessidade de que a educação escolar fosse pensada para a formação de todas as capacidades do ser humano, como ainda sua eficácia para a formação nos conteúdos acadêmicos. Apesar da força que adquiriram, foi necessário que transcorresse todo o século XX para que essas ideias se generalizassem e tomassem parte da formação inicial universitária dos professores, e que a maioria dos

A universalização do ensino nos países desenvolvidos e em desenvolvimento e a extensão do pensamento democrático evidenciaram a debilidade de um sistema escolar pensado para uma minoria seleta.

sistemas escolares introduzisse, com muitas precauções, esses critérios. No entanto, foi a universalização do ensino nos países desenvolvidos e nos em desenvolvimento e a extensão de um pensamento democrático o que evidenciou a fragilidade de um sistema escolar pensado para uma minoria "seleta", embora cada vez mais ampla, da população; aflorando de forma incomparável a incoerência de uma sociedade que se afirma como democrática, mas que não oferece a toda a população uma formação que lhe seja útil em função de suas diversas possibilidades vitais e profissionais.

Ao mesmo tempo, a dinâmica de globalização econômica, regida pelos mercados abertos, apesar de discretamente a favor dos mais poderosos, e baseados em critérios de competitividade feroz, está evidenciando a necessidade dos países de contar com uma população na qual não apenas uma minoria está muito bem formada, mas também todos os cidadãos estão suficientemente preparados para exercerem, de forma eficiente, sua profissão em seus diferentes níveis, e intervir na sociedade com critérios e valores que permitam que ela funcione. Isso representa uma mudança profunda e revolucionária no que se relaciona ao significado do ensino, pois, a partir deste raciocínio, deve-se formar profissionais universitários muito preparados, mas também outros muito bem formados em todos os setores, especialidades e níveis de desempenho. Necessidade de profissionais que, além de dominar os conhecimentos e as técnicas específicas de sua profissão, disponham de atitudes e aptidões que facilitem o trabalho nas organizações: capacidade de trabalho em equipe, empreendedorismo, aprender a aprender, adaptabilidade, empatia, etc. Preparação profissionalizante à qual cabe acrescentar uma formação que possibilite que os profissionais atuem como membros ativos de uma sociedade com comportamentos sociais segundo os modelos ideológicos dominantes, seja a partir de posições reprodutoras seja de perspectivas mais ou menos transformadoras.

O velho debate entre a **função instrutiva**, acadêmica e profissionalizante, e a visão *educativa* do ensino toma, em nossos dias, um caráter universal, ao instaurar-se uma corrente predominante, apesar de ainda minoritária para efeitos práticos, que entende que os sistemas educacionais devem abraçar o desenvolvimento integral das pessoas. No entanto, isso deve ser dessa forma? Realmente, a escola deve assumir esse papel? O sistema escolar deve adaptar-se ao que a escola é capaz de fazer ou, pelo contrário, a escola é que deve adaptar-se ao que deve ser ensinado para se ser competente na vida? No caso de as respostas serem afirmativas, pode a escola assegurar esta função? Uma estrutura com uma larga tradição de caráter universal e que repousa sobre formas de agir estáveis e sólidas, com uma classe docente formada, fundamentalmente, para instruir, pode cumprir com uma tarefa que vá além da de distribuir conhecimentos acadêmicos. Entretanto, tudo isso não implica uma intromissão nas responsabilidades diretas das famílias? As competências que devem ser ensinadas pela escola são as que a família e a sociedade não podem ensinar? A seleção dessas competências é, portanto, por exclusão? Ou o critério deve ser a tradição do que sempre se ensinou na escola? Há, aqui, dois dos problemas essenciais que condicionam em que medida assumimos o princípio mais ou menos aceito de formação integral para a vida.

O velho debate entre a função instrutiva, acadêmica e profissionalizante, e a visão *educativa* do ensino toma, em nossos dias, um caráter universal, ao instaurar-se uma corrente predominante, apesar de ainda minoritária para efeitos práticos, que entende que os sistemas educacionais devem abraçar o desenvolvimento integral das pessoas.

Quais devem ser os objetivos do ensino e, consequentemente, das competências que ele deve desenvolver?

O primeiro passo para responder a pergunta de quais competências devem ser ensinadas, está estreitamente relacionado à necessidade de definir e chegar a um consenso sobre qual deve ser a finalidade da educação. Ao longo dos anos, diversas instâncias nacionais e internacionais expuseram suas propostas ideológicas relacionadas a essa finalidade, em função do modelo de sociedade que defendem e do tipo de cidadão que pretendem formar.

O primeiro passo para responder a pergunta de quais competências dever ser ensinadas está estreitamente relacionado à necessidade de definir e chegar a um consenso sobre qual deve ser a finalidade da educação.

- O artigo 26.2 da *Declaração Universal dos Direitos Humanos*, adotada e proclamada pela Assembleia Geral das Nações Unidas (ONU, 1948), declara: "A educação deve primar pelo pleno desenvolvimento da personalidade humana e pelo reforço do respeito aos Direitos Humanos e às liberdades fundamentais. Deve favorecer a compreensão, a tolerância e amizade entre todas as nações e todos os grupos sociais ou religiosos, e difusão das atividades das Nações Unidas para a manutenção da paz".
- No artigo 27.1 da Constituição espanhola (1978), segundo a *Declaração Universal dos Direitos Humanos*, estabelece que "todos têm o direito à educa-

ção", e no artigo 27.2 "a educação terá por objeto o pleno desenvolvimento da personalidade humana no que diz respeito aos princípios democráticos de convivência e liberdades fundamentais".

- A *Convenção sobre os Direitos da Criança* (UNICEF, 1989), ratificada pela Assembleia Geral da ONU em 1989, em seu artigo 29 estabelece como uma das finalidades da educação "inculcar na criança o respeito aos direitos humanos e às liberdades fundamentais e aos propósitos consagrados na Carta das Nações Unidas" assim como "preparar a criança para assumir uma vida responsável em uma sociedade livre, com espírito de compreensão, paz, tolerância, igualdade de sexos e amizade entre todos os povos, grupos étnicos, nacionais, religiosos e pessoas de origem indígena".
- Na *Conferência Mundial sobre Educação para Todos* (UNESCO, 1990), celebrada em Jomtiem (Tailândia) em 1990, tentou-se dar à noção de educação fundamental, a aceitação mais ampla possível "incluindo um conjunto de conhecimentos e técnicas indispensáveis a partir do ponto de vista do desenvolvimento humano. Deveria compreender, de forma particular, a educação referente ao meio ambiente, à saúde e à nutrição".
- O *Plano de Ação Integrado sobre a Educação para a Paz, sobre os Direitos Humanos e sobre a Democracia* (UNESCO, 1995) estabelece que "a principal finalidade de uma educação para a paz, dos direitos humanos e da democracia deve ser o incentivo, em todos os indivíduos, do sentido dos valores universais e dos tipos de comportamento nos quais se baseiam uma cultura de paz. Inclusive em contextos socioculturais diferentes é possível identificar valores que podem ser reconhecidos universalmente". No ponto 9, do plano citado, acrescenta-se que "a educação deve desenvolver a capacidade de resolver os conflitos com métodos não violentos. Dessa forma, deve promover também o desenvolvimento da paz interior na mente dos estudantes para que possam assimilar com maior firmeza os bens que são a tolerância, a solidariedade, a vontade de compartilhar e o cuidado com os demais".
- No informe da UNESCO presidido por J. Delors (1996), afirma-se que "a principal finalidade da educação é o pleno desenvolvimento do ser humano em sua dimensão social. Define-se como sendo o veículo das culturas e dos valores, como construção de um espaço de socialização e consolidador de um projeto comum". Sem deixar de citar Delors, em "Educação ou a utopia necessária" (1996), "a educação tem como missão permitir a todos, sem exceção, a frutificação dos talentos e da capacidade de criação, o que implica a responsabilização individual por si mesmo e a realização de seu próprio projeto pessoal".
- No *Fórum Mundial sobre a Educação de Dakar* (UNESCO, 2000) insistiu-se que "todas as crianças, jovens e adultos, em sua condição de

seres humanos, têm o direito de se beneficiar de uma educação que satisfaça suas necessidades básicas de aprendizagem na acepção mais nobre e mais plena do termo, uma educação que compreenda aprender a assimilar conhecimentos, a fazer, a viver com os demais e a ser. Uma educação orientada a explorar os talentos e as capacidades de cada pessoa e a desenvolver a personalidade do educando, com o objetivo de melhorar sua vida e transformar a sociedade".

> Organizações não governamentais, como Intermón Oxfam (2005), defendem que "desde o âmbito educacional e do desenvolvimento de um novo currículo escolar, deve-se potencializar as capacidades das crianças para compreender e interpretar a realidade, e para transformar as relações das pessoas com as novas sensibilidades interculturais, relacionadas ao meio ambiente, solidárias e igualitárias. Trata-se de obter uma educação transformadora e comprometida. Uma educação para os Cidadãos Globais".

A partir da revisão das declarações de diferentes instâncias internacionais (Quadro 4.1), podemos atestar o modo explícito como é delegada aos poderes públicos a responsabilidade de promoverem ações para garantir a educação dos cidadãos em todas as suas capacidades, enfatizando especialmente aquelas relacionadas aos valores e aos princípios éticos considerados fundamentais. Mesmo assim, o problema que propomos ainda não foi resolvido, pois podemos considerar que mesmo que os estados devam assumir o dever de garantir a educação da população, alguns podem entender que sua ação deve circunscrever-se à promoção dos meios para que as famílias e outras instâncias sociais cumpram essa tarefa, delimitando a responsabilidade dos poderes públicos à formação de âmbito profissional.

Delega-se aos poderes públicos a promoção de ações para garantir a educação dos cidadãos em todas as suas capacidades, enfatizando especialmente aquelas relacionadas aos valores e aos princípios éticos considerados fundamentais.

Objetivos da Educação, o sistema educacional e o sistema escolar

Situar o debate sobre qual deve ser o papel da escola no ensino obrigatório nos faz considerar os conceitos de **educação** *formal*, *informal* e *não formal*. Entendendo como *educação formal* aquela que tem caráter "intencional, planejado

QUADRO 4.1 Síntese das finalidades da educação de acordo com as diferentes instâncias revisadas

	Finalidade da Educação
Declaração Universal dos Direitos Humanos (ONU, 1948).	▸ "... o pleno desenvolvimento da personalidade humana..." ▸ "... favorecer a compreensão, a tolerância e a amizade..."
Constituição Espanhola (1978)	▸ "... o pleno desenvolvimento da personalidade humana..." ▸ "... respeito aos princípios democráticos de convivência e às liberdades fundamentais..."
Convenção sobre os Direitos da Criança (1989)	▸ "... assumir uma vida responsável em uma sociedade livre..." ▸ "... com espírito de compreensão, de paz, de tolerância, de igualdade..."
Conferência Mundial sobre Educação para Todos (UNESCO, 1990)	▸ "... de conhecimentos e técnicas indispensáveis a partir do ponto de vista do desenvolvimento humano..." ▸ Deveria compreender, de forma particular, a educação referente ao meio ambiente, à saúde e à nutrição."
Plano de Ação Integrado sobre a Educação para a Paz, sobre os Direitos Humanos e sobre a Democracia (UNESCO, 1995)	▸ "... o fomento, em todos os indivíduos, do sentido dos valores universais e dos tipos de comportamento em que se baseia uma cultura de paz." ▸ "... a tolerância, a solidariedade, a vontade de compartilhar e o cuidado com os demais."
Informe da UNESCO presidido por J. Delors (1996)	▸ Saber, saber fazer, saber ser, saber conviver ▸ "... o pleno desenvolvimento do ser humano em sua dimensão social." ▸ "... permitir a todos, sem exceção, a frutificação de seus talentos e de suas capacidades de criação..."
Fórum Mundial sobre a Educação de Dakar (UNESCO, 2000)	▸ "... aprender a assimilar conhecimentos, a fazer, a viver com os demais e a ser." ▸ "explorar os talentos e as capacidades de cada pessoa..." ▸ "... com o objetivo de melhorar sua vida e transformar a sociedade."
Intermón Oxfam (2005)	▸ "... compreender e interpretar a realidade, a transformar as relações das pessoas com as novas sensibilidades interculturais, relacionadas ao meio ambiente e igualitárias."

e regulado"; como educação informal aquela que se dá de forma "não intencional e não planejada; e como educação não *formal* a que se produz de maneira "intencional e planejada, mas fora do âmbito regular".

Se aceitarmos que as pessoas constroem sua personalidade a partir das experiências geradas pelas diferentes vias educacionais, formais, informais e não formais, podemos chegar à conclusão de que, dado o sentido que dão à educação os diferentes órgãos internacionais ao interpretá-la como "o pleno desenvolvimento da personalidade humana", os governos são instados a tomar medidas para que, por meio da ação dos diferentes agentes educacionais formais, informais e não formais, sejam promovidas experiências educacionais coerentes as quais incidam sobre o pleno desenvolvimento da personalidade. Quais medidas devem impulsionar os poderes públicos para garantir que todas as famílias atuem de modo responsável com seus filhos e filhas? Quais devem ser os recursos e as políticas a serem desenvolvidos para propiciar a existência de associações educacionais de "tempo livre"? Quais medidas devem adotar para conseguir que os meios de comunicação ajam assumindo, de forma consequente, sua potencialidade educacional, e não ajam de acordo com os princípios e os valores definidos nas diferentes declarações institucionais? E, por último, qual deve ser o papel da escola no objetivo de formar a pessoa em todas as suas capacidades?

As respostas para cada uma dessas questões não podem ser independentes umas das outras. Pois, considerando que nos informamos a partir de todas as experiências que recebemos e deixam marcas no constante processo de construção de nossa personalidade, e dado que essa construção não se realiza em compartimentos estanques, devemos entender que o problema deve ser analisado a partir de uma visão global que força uma redefinição do que se entende por sistema educacional, diferenciando-o do sistema escolar (Figura 4.1). O sistema educacional é concebido como o conjunto mais ou menos inter-relacionado dos diferentes agentes educacionais, sejam formais, informais ou não formais. Essa redefinição nos permite avançar na identificação das atribuições e das responsabilidades de cada um dos agentes, mas compreendendo que cada agente tenha um campo próprio de atuação, seus limites são dificilmente identificáveis e, em muitos casos, as atribuições e responsa-

> O fato de interpretar a educação como o pleno desenvolvimento da personalidade humana faz com que os governos tomem medidas para que, por meio da ação dos diferentes agentes educacionais formais, não formais e informais, sejam promovidas experiências educativas da forma mais coerente possível que incidam no pleno desenvolvimento da personalidade.

> A definição dos sistema educacional como o conjunto mais ou menos inter--relacionado dos diferentes agentes educacionais nos permite avançar na identificação das atribuições e das responsabilidades de cada um deles, compreendendo que não somente seus limites são dificilmente identificáveis, mas também que, em muitos casos, as atribuições e responsabilidades devem ser compartilhadas.

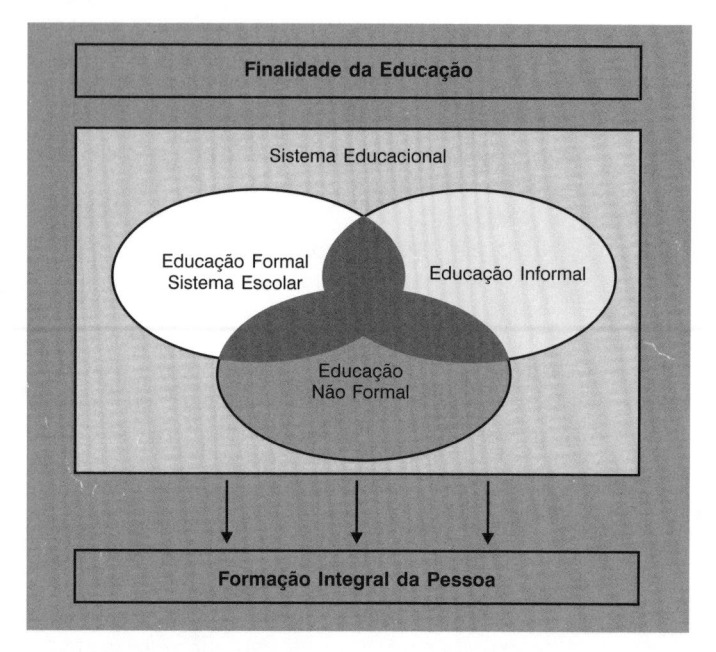

FIGURA 4.1 Sistema educacional, subsistemas e finalidades.

bilidades devem ser compartilhadas, embora tenham diferentes graus. É dessa forma que alguns agentes educacionais possuirão atribuições das quais serão os únicos responsáveis, e outros, por outro lado, terão uma responsabilidade compartilhada com outros agentes. Um critério razoável para identificar os conteúdos formativos de cada um desses agentes e as consequentes responsabilidades únicas e compartilhadas será a análise das possibilidades e das limitações de cada um deles. A partir dessa análise será possível estabelecer as funções e as características de cada agente.

Em qualquer caso, o dever dos poderes públicos é estabelecer um sistema educacional que permita o pleno desenvolvimento da personalidade de seus cidadãos, a partir de uma regulamentação das instâncias educacionais. Dessa forma, à luz das finalidades as quais se pretendem para a educação, pode-se identificar aquilo que, dentro desta visão global do que deve ser o sistema educacional, corresponde ao sistema escolar, em função de suas possibilidades atuais e futuras, e permite reconhecer o diferente grau de responsabilidade conforme os meios que a escola pode oferecer, os tempos de escolarização de que se dispõem e a formação e competências dos diversos profissionais que devem nela intervir.

A família e a escola, um diálogo de responsabilidades, muitas delas compartilhadas

Se analisamos as possibilidades atuais da escola, veremos que a realidade confirma que ela não foi idealizada para realizar uma formação integral da pessoa, ou seja, capacitá-la para responder aos problemas cotidianos que surgirão ao longo da vida. É neste ponto em que se apresenta o problema para a sociedade e para a escola. No momento em que a sociedade acredita que deve ser responsabilidade do governo intervir para que os cidadãos sejam formados em todas as suas capacidades e não somente nos âmbitos tradicionalmente acadêmicos, a decisão que deve ser tomada consiste em identificar e prover os meios oportunos a fim de obter esse resultado. Isso significa questionar a necessidade de se constituir uma nova estrutura organizacional que desenvolva essas finalidades, ou aproveitar e redefinir alguma instância existente, ou seja, criar um novo sistema ou utilizar a escola atual.

Quando as sociedades acreditam que devem intervir no sistema escolar com o objetivo de aprimorar, de torná-lo mais competitivo, mais democrático, menos violento, etc., e analisam os meios de que dispõem para isso, é lógico que chegarão à conclusão de que os diferentes agentes que constituem o sistema escolar existente, apesar de suas limitações, são o instrumento que pode sistematizar as medidas para obter tudo isso com grandes possibilidades de êxito. Embora a escola não tenha sido, até agora, a responsável pela educação global do aluno – e nem tampouco por ele mesmo –, nem conte com os meios adequados, mas, certamente, representa a organização mais preparada para assumir essa função. A maioria dos países dispõe de uma rede de escolas que chega a todos os cantos, administrada por profissionais que contam com conhecimentos e saberes que os tornam o coletivo profissional que está em melhores condições para abordar a tarefa educacional, e que conta com muitos docentes, para os quais o ser educador e não é apenas profes-

A escola atual não foi pensada para realizar a formação integral da pessoa.

É necessário questionar se é preciso constituir uma nova estrutura ou utilizar a escola atual para o desenvolvimento integral da pessoa.

A escola representa a organização mais preparada para assumir a educação global do aluno.

sor de uma ou de várias disciplinas sempre foi seu projeto profissional.

Outro problema a resolver está relacionado ao papel das famílias, que, como dissemos, até agora eram depositárias absolutas da formação integral do aluno. Quando o papel do ensino se circunscreve à formação em conteúdos acadêmicos, foca claramente o delimitado papel da escola e da família. De alguma maneira a escola ostenta o monopólio do conhecimento acadêmico, e nela se ensina tudo o que não pode ser aprendido de forma natural e sistemática na família, nas organizações de educação formal ou por meio dos meios de comunicação. Na prática, as responsabilidades estão claramente delimitadas: para a escola ficam o ensino dos conhecimentos acadêmicos "pré-universitários", os procedimentos associados a disciplinas acadêmicas e as atitudes vinculadas ao estudo e aos comportamentos que permitam um desenvolvimento "normal" da gestão da aula, e para a família, o resto, ou seja, os conhecimentos e os procedimentos necessários para a vida cotidiana e as atitudes para a cidadania. Segundo essa lógica, a formação dos professores e os modos de ensino correspondem a essa visão diferenciada entre a escola e a família.

> Quando se pretende formar o aluno em todas as suas capacidades, a escola e a família intervêm para obter o mesmo resultado.

Assim, uma escola que primordialmente instrui, a confluência de interesses é mínima, cada um sabe ao que deve se dedicar. De modo contrário, quando se pretende formar o aluno em todas as suas capacidades, tanto a escola quanto a família estão intervindo no mesmo objeto de estudo. Nesse caso, como conciliar os diferentes projetos educacionais familiares e escolares? E o que fazer com as crianças cujas famílias não sabem, não podem ou não querem cumprir com sua irrenunciável função educadora?

> O sistema escolar e a família são corresponsáveis pela educação das crianças em função das aptidões de cada um.

Ambas as questões encontram resposta na promoção necessária da responsabilidade compartilhada, apesar de destacar a preeminência da responsabilidade das famílias sobre as da escola. O possível conflito entre responsabilidades deve encontrar resposta parecida à que tem o campo da saúde, no qual os papéis da família e do sistema de saúde estão notadamente delimitados, de modo que este assume a responsabilidade de zelar pela saúde de todos os cidadãos, mas entendendo que a responsabilidade fundamental pertence à família. Apesar disso, diante de uma isenção da responsabilidade familiar, o sistema de saúde assume o dever de zelar para que as medidas necessárias sejam tomadas de modo a garantir a saúde do paciente. Seguindo este paralelismo, diríamos que o sistema escolar é corresponsável, juntamente com as famílias, pela educação das crianças, isso sim, em função das aptidões de cada um: para o sistema escolar, a responsabilidade de dispor do conhecimento, do profissionalismo, dos recursos, mas com tempo limitado e um atendimento que deve ser diversificado entre muitos; para a família, a responsabilidade de ter tempo e, em princípio, todo o afeto do mundo. Portanto, a responsabilidade nas aprendizagens das competências que configuram o desenvolvimento integral da pessoa dependerá das capacidades reais do sistema escolar e da família. A maior ou menor capacidade de incidência educacional de um deles determinará o real alcance de sua responsabilidade. De tal modo que, nos conteúdos acadêmicos tradicionais, logicamente que a responsabilidade da escola na obtenção dos objetivos de aprendizagem previstos será maior que nas competências de clara carga atitudinal nas quais o peso da família é determinante, como são as relacionadas à solidariedade, à tolerância, ao respeito, às relações de gênero, etc. No entanto, isso não significa que a escola, sob o pretexto da dificuldade de influenciar realmente, desvie-se do ensino de modo explícito e sistemático. Seguindo com o paralelismo da saúde, o fato de a qualidade na alimentação depender das famílias não é desculpa para que as medidas alimentares que são dadas em um centro de saúde não cumpram estritamente os critérios médicos e não disponham da autoridade para prescrever uma alimentação de acordo com as necessidades do paciente.

A isso, cabe acrescentar que se o sistema escolar não assume a responsabilidade compartilhada com as famílias do desenvolvimento de todos aqueles conhecimentos, habilidades e atitudes não acadêmicas, do mesmo modo assume, por exemplo, a leitura ou o cálculo, o que garantirá que as famílias serão capazes de educar suas crianças nos valores sociais e de convívio necessários para se viver em sociedade? A resposta a essa questão não é nem mais nem menos que, guardadas as proporções, a escola já adota no caso do ensino e da leitura. Apesar de entender que as famílias intervirão para que seus filhos leiam, a escola assume sua parte de responsabilidade para conseguir que os alunos, independentemente dos apoios familiares, dominem essa habilidade. E mais, toma medidas especiais para ajudar a su-

> O sistema educacional adotará as medidas necessárias para garantir a obtenção daqueles conteúdos que não correspondem à tradição escolar, mas que a sociedade considera imprescindíveis.

perar o déficit que os alunos apresentam em decorrência da situação socioeconômica ou cultural de suas famílias. Do mesmo modo, para aqueles conteúdos que não correspondem à tradição escolar, mas que a sociedade considera imprescindíveis para seus cidadãos e para o desenvolvimento e o bem-estar da própria sociedade, o sistema educacional e, dentro de suas possibilidades, o sistema escolar deverão adotar as medidas pertinentes para garantir que esses conteúdos sejam aprendidos, compensando ao máximo possível os déficits familiares.

NA PRÁTICA

Informes escolares e finalidades educacionais

A forma mais clara de reconhecer as verdadeiras intenções de uma escola, além das declarações bem-intencionadas expressadas em seus projetos educacionais, encontra-se na revisão dos informes escolares; pois neles se refletem, de forma mais ou menos explícita, os conteúdos os quais escola considera mais importantes. De modo que, a posição da escola acerca de quais são as finalidades do ensino, se observa, de modo muito claro, na maneira em que informa as famílias sobre o processo de ensino e aprendizagem.

Vamos revisar, como exemplo, três informes diferentes de avaliação. Sua leitura nos permitirá verificar seu diferente valor educacional. Esses informes, entendidos como a avaliação da obtenção dos objetivos educacionais, servirão para contrastar a importância atribuída aos diversos conteúdos curriculares e, portanto, às finalidades educacionais que cada modelo propõem.

Em primeiro lugar encontramos o informe tradicional (Quadro 4.3), o qual se limita a valorar as diferentes estruturas disciplinares:

Informe tradicional.

Qualificações 3º Trimestre			
Grupo-classe: Aluno: Professor:		Curso: Data: Faltas: Atrasos:	
Disciplinas Comuns	**1º Trimestre**	**2º Trimestre**	**3º Trimestre**
Língua	Insuficiente (4,0)	Suficiente (5,0)	Bom (6,0)
Matemática	Suficiente (5,0)	Bom (6,0)	Bom (6,0)
Ciências Sociais	Insuficiente (3,0)	Suficiente (5,0)	Suficiente (5,0)
Ciências Naturais	Suficiente (5,0)	Bom (6,0)	Suficiente (5,0)
Ciências Tecnológicas	Bom (6,0)	Bom (6,0)	Bom (6,0)
Disciplinas Comuns	**1º Trimestre**	**2º Trimestre**	**3º Trimestre**
Inglês	Insuficiente (5,0)	Suficiente (5,0)	Suficiente (5,0)
Francês	Suficiente (5,0)	Suficiente (5,0)	Suficiente (5,0)
Música	Insuficiente (5,0	Suficiente (5,0)	Suficiente (5,0)
Educação Física	Bom (6,0)	Muito Bom (7,0)	Muito Bom (7,0)

Esse informe retoma a tradição escolar de caráter propedêutico, na qual a relevância dos conteúdos da avaliação vem determinada pela necessidade de superar as sucessivas etapas do percurso em direção à universidade. Dessa forma, é lógico que neste modelo o que é avaliado seja o conhecimento adquirido pelo aluno em relação às disciplinas consideradas como fundamentais para o saber estabelecido. Como podemos verificar, trata-se de um modelo instrutivo que não oferece nenhum dado sobre aquelas competências que não são de ordem acadêmica. Consequentemente, reflete a importância das capacidades cognitivas sobre as motoras, o equilíbrio pessoal, as relações interpessoais e a inserção social, às quais não faz nenhuma referência.

O segundo exemplo consiste em um formulário de avaliação elaborado pela empresa Àgilmic* e complementar à informação sobre as aprendizagens das diferentes áreas curriculares:

Formulário de avaliação realizado pela empresa ÀGILMIC

ÀGILMIC	Colégio DEMO Marina, 251 08013 – Barcelona	Informe do Ensino Fundamental Aluna: Maria Aguirre Cabrera, Série: 2ª do Ensino Fundamental Professora: Elvira Collado Tomás	
Avaliação Final	Data: 22/07/2002	Período: 2000/01	Folha 1
Adaptação		Precisa melhorar (PM)	
Adaptação	AA	/////////////////////////	
Ao colégio, professor, colegas	AA	/////////////////////	
Às normas e ao ritmo de trabalho	PM	//////////	
Observações gerais	PM	/////////	
Atitude		Avança adequadamente (AA)	
Atitude	AA	/////////////////////////	
Diante do professor	AA	/////////////////////////	
Diante dos colegas	AA	/////////////////////////	
Diante das brincadeiras e festas	AA	/////////////////////////	
Diante do trabalho dirigido	AA	/////////////////////////	
Diante do trabalho autônomo	AA	/////////////////////////	
Maturidade (âmbito global)		Avança adequadamente (AA)	
Personalidade	AA	/////////////////////////	
Aspectos da personalidade	AA	/////////////////////////	

(continua)

---

*N de R. Empresa espanhola criada para apoiar instituições de ensino, bibliotecas e outras instituições relacionadas com educação

(Continuação)

Avaliação Final	Data: 22/07/2007	Período: 2007/01	Folha 1
Variações emocionais	AA	///////////////////////	
Desenvolvimento da maturidade		Avança adequadamente (AA)	
Maturidade (âmbito global)	AA	///////////////////////	
Situação espaço/tempo	AA	///////////////////////	
Afirmação sensorial	AA	///////////////////////	
Aquisições cognoscitivas. Memória	AA	///////////////////////	

Como podemos observar, neste segundo caso foi-se além da mera quantificação numérica da disciplina. Neste exemplo consideram-se outros conteúdos de avaliação como a adaptação, a atitude para com as pessoas da escola e as atividades nela realizadas, entre outras. Representa uma clara posição favorável de um ensino que não encontra fim na instrução.

O terceiro exemplo apresenta os itens de somente duas áreas curriculares, no qual podemos ver que os conteúdos de cada uma dessas áreas estão a serviço de finalidades gerais que têm como princípio diretor o desenvolvimento integral da pessoa. Os informes da escola ALMEN analisam desde cada disciplina até os resultados alcançados pelos alunos em função das finalidades educacionais relacionadas a três eixos competenciais: o "desenvolvimento da própria personalidade", a "capacidade de sensibilização em relação ao que nos rodeia" e a "capacidade de integração e melhoria da sociedade" e, tal como afirmam em sua proposta de projeto educacional, "ajudar na formação da pessoa".

Formulário de avaliação utilizado na escola ALMEN

Língua Espanhola	Matemática
Critérios de avaliação	Critérios de avaliação
Para Desenvolvimento da Própra Personalidade	**Para Desenvolvimento da Própra Personalidade**
‣ Mostra-se motivado em relação a essa disciplina e realiza o trabalho com interesse. ‣ Esforça-se em fazer o trabalho diário o melhor que pode, sabendo encontrar, no caso de dúvida, a solução adequada.	‣ Mostra-se responsável ao realizar as tarefas. Tenta superar a si mesmo. ‣ Esforça-se em solucionar as dificuldades que lhes são apresentadas. ‣ É organizado nas atividades cotidianas. ‣ Em seu trabalho funciona de modo autônomo.

(continua)

(Continuação)

Língua Espanhola	Matemática
Critérios de avaliação	**Critérios de avaliação**
Para Desenvolvimento da Própra Personalidade	**Para Desenvolvimento da Própra Personalidade**
‣ Realiza o trabalho de modo ordenado, considerando a apresentação adequada a sua idade.	
Para Ser Sensível em Relação ao que o Rodeia	**Para Ser Sensível em Relação ao que o Rodeia**
‣ Valoriza o idioma, tanto o oral quanto o escrito, como uma fonte de satisfação. ‣ Participa ativamente nos trabalhos de grupo respeitando as ideias dos demais e expondo as próprias de modo respeitoso. ‣ Valoriza, de modo positivo, a situação de bilinguismo presente em sua zona de habitação.	‣ Participa ativamente no trabalho do grupo oferecendo e pedindo ajuda aos companheiros. ‣ Valoriza positivamente os esforços dos colegas e se alegra de suas conquistas. ‣ Na atividade cotidiana mostra-se respeitoso em relação aos demais e ao entorno. ‣ Utiliza, de modo adequado, a linguagem matemática e se expressa em euskera*. ‣ Utiliza e cuida os instrumentos matemáticos com cuidado.
Para se Integrar, Atuar e Melhorar a Sociedade. *Utilização e formas de comunicação oral*	**Para se Integrar, Atuar e Melhorar a Sociedade**
‣ Compreende textos orais simples. ‣ Recita textos orais (versos, poemas, contos, etc.) com o ritmo, a entonação e a pronúncia adequados. ‣ Extrai as ideais principais nos textos orais simples. ‣ Expressa, diante dos demais, de modo ordenado e compreensível, os acontecimentos, sentimentos e ideias relacionados à sua vida. ‣ Expressa, diante dos demais, de modo ordenado e compreensível, os acontecimentos, a cultura, a sabedoria... relacionados à vida de seu entorno.	‣ Entende os conceitos matemáticos. ‣ Sabe encontrar a solução para determinados problemas da vida por meio da soma, da subtração, da multiplicação e da divisão. ‣ Lê e escreve números ordinais de quatro, cinco, seis e sete algarismos baseando-se na colocação dos mesmos. ‣ Realiza operações orais de cálculo com os números ordinais. ‣ Realiza operações escritas de cálculo com os números ordinais. ‣ No momento de medir um objeto sabe escolher a unidade e o instrumento mais adequados.

(continua)

---

*N. de T. Língua basca falada no País Basco, em Navarra e no sudoeste francês.

(Continuação)

Língua Espanhola	Matemática
Critérios de avaliação	**Critérios de avaliação**

Para se Integrar, Atuar e Melhorar a Sociedade. *Utilização e formas de comunicação escrita*
 	
 • Lê corretamente um texto escrito considerando o tom e o ritmo adequados e fazendo as pausas devidas.
 • Compreende a relação existente entre a grafia e os fonemas.
 • Produz textos curtos e simples:
  – utilizando orações que têm sentido completo;
  – respeitando as normas básicas da escrita;
  – mantendo a coerência entre as ideias;
  – utilizando de modo adequado os sinais de pontuação.
 	
 Para se Integrar, Atuar e Melhorar a Sociedade. *Análise e reflexão de língua*
 	
 • Escreve considerando as normas ortográficas trabalhadas em seu nível.
 • Utiliza o vocabulário no contexto adequado.
 • Utiliza as normas de concordância existentes nas frases.
 • Utiliza os verbos que adquiriu no contexto adequado.
 • Respeita a ordem dos elementos ao compor uma oração.
 • Identifica as diferentes classes oracionais.
 	
 Para se Integrar, Atuar e Melhorar a Sociedade. *Sistemas de Comunicação orais e não orais*
 	
 • Representa situações reais de comunicação por meio de quadrinhos e murais.
 • Cria e representar situações diferentes (reais ou imaginárias) com correção e entonação adequada.
	Para se Integrar, Atuar e Melhorar a Sociedade
	
	 • Utiliza o dinheiro na vida diária.
	 • Relaciona as unidades e os instrumentos das medidas temporais (relógio, ano, etc.).
	 • Conhece a relação existente entre as unidades situadas dentro de uma magnitude (longitude, capacidade, peso, etc.).
	 • Conhece as formas geométricas existentes no entorno próximo e as descreve por meio do uso de elementos básicos.
	 • Interpreta e realiza croquis, planos e maquetes de seu entorno.
	 • Colhe e classifica a informação.
	 • Representa graficamente a informação recolhida.
	 • Interpreta a informação adequada para sua idade.
	 • Estima e testa as medidas e os cálculos que deve realizar.
	 • Realiza as operações relacionadas aos espaço (orientação, perspectiva, simetria, giro, etc.).

As competências escolares devem abarcar o âmbito social, interpessoal, pessoal e profissional

5

As competências escolares devem abarcar o âmbito social, interpessoal, pessoal e profissional

Educar para a vida, mas com quais competências?

A revisão anterior das declarações institucionais permite comprovar que existe um acordo generalizado sobre a educação contribuir para o pleno desenvolvimento da personalidade em todos os âmbitos da vida. Vimos, também, que a definição das finalidades da educação compromete os poderes públicos, no que tange a agir com vistas a reestruturar um sistema educacional que garanta a obtenção dessas finalidades e que inclua um sistema escolar que assuma, em boa medida, a responsabilidade em seu desenvolvimento. Dessa forma, sabemos que os fins da escola, do sistema escolar, devem estar dirigidos ao desenvolvimento de todas as competências necessárias ao ser humano para responder aos problemas que a vida apresenta, mas com uma delimitação de responsabilidades em função dos meios disponíveis e de suas possibilidades reais.

Uma vez situado o campo de intervenção do ensino obrigatório, é necessário identificar quais são as competências que devem ser desenvolvidas na escola quando se está propondo a formação integral da pessoa, e quando essas competências permitirão dar resposta aos problemas que a vida apresenta. Quais são as competências que uma pessoa deve dispor para se considerar desenvolvida plenamente? Sob o ponto de vista curricular, no transcurso da escolarização e no contexto de sala de aula, quais são as competências específicas que devem ser desenvolvidas de forma sistemática para alcançar o ideal de competências que conduz ao pleno desenvolvimento da personalidade? E, por fim, quais devem ser as competências e os conteúdos reais do ensino?

Consenso sobre a educação para a vida e propostas de competências

Com o objetivo de responder a essas questões, será necessário estabelecer diferentes fases de derivação dos princípios gerais até decisões curriculares nos moldes de uma aula e para cada aluno. O primeiro passo consistirá em

O primeiro passo consistirá em identificar as competências gerais as quais definem a formação integral da pessoa.

identificar as competências gerais as quais definem a formação integral da pessoa. Para isso, apresentaremos algumas propostas que, por sua relevância institucional, sua procedência ou sua atualidade, permitem iniciar essa primeira fase. Com essa finalidade apontamos em primeiro lugar: as manifestações da UNESCO, no mencionado informe de Delors; as manifestações da OCDE, no projeto DeSeCo; o documento-base para o Currículo Basco, por sua atualidade e por ser um exemplo, um modelo de elaboração participativa, e nas definições definidas por Monereo como exemplo das provenientes do âmbito da pesquisa e estudo sobre as estratégias de aprendizagem (Quadro 5.1).

- Como vimos no Capítulo 1, o informe Delors (informe para a UNESCO elaborado pela Comissão Internacional sobre Educação para o Século XXI, no ano de 1996) estabeleceu os quatro pilares fundamentais para a educação: "saber conhecer, saber fazer, saber ser e saber conviver".
- O projeto DeSeCo, OCDE (2002), classifica as competências-chave em três níveis: "a interação dentro de um grupo socialmente heterogêneo, a atuação de forma autônoma e a utilização de ferramentas (cognitivas, sociais e físicas) de forma interativa".
- As competências educacionais gerais, presentes no recente documento-base para o Currículo Basco (AA.VV., 2005), são: "aprender a pensar e a aprender, aprender a comunicar-se, aprender a conviver, aprender a ser autêntico e aprender a fazer e a empreender".
- Monereo (2005) propõe quatro grandes âmbitos competenciais nos quais enquadra as competências básicas: "aprender a buscar informação e a aprender, aprender a se comunicar, aprender a colaborar com outros e aprender a participar na vida pública".

Aproximação às competências que deve desenvolver o sistema escolar

As diferentes propostas de competências que revisamos têm um caráter geral e são definições abstratas, descontextualizadas e desideologizadas. São definições que poderiam servir a qualquer país ou situação e a múltiplos enfoques socioantropológicos ou filosóficos. Todas elas se relacionam

QUADRO 5.1 Esquema de competências segundo diferentes fontes consultadas

Delors	DeSeCo	Currículo Basco	Monereo
▸ Conhecer	▸ Interatuar	▸ Pensar e aprender	▸ Aprender a buscar informação e a aprender
▸ Fazer	▸ Atuar de forma autônoma	▸ Comunicar-se	▸ Comunicar-se
▸ Ser	▸ Utilizar as ferramentas	▸ Conviver	▸ Colaborar com outros
▸ Conviver		▸ Ser autêntico ▸ Fazer e empreender	▸ Aprender a participar na vida pública

com a ideia de *formação integral* da pessoa, pois defendem, em maior ou menor medida, todas as capacidades do ser humano. No entanto, para poder se converter em instrumento de tomada de decisões educacionais é imprescindível situá-las. Devem mover-se para as "realidades" para as quais se pretende que o aluno possa chegar a enfrentar, e incidir nelas a partir de uma posição pessoal determinada. Ou seja, estabelecer finalidades em função das necessidades da sociedade e da pessoa, conforme a visão do que deve ser o mundo e o tipo de cidadão que se considera ideal. Isso implica que o conjunto de competências "abstratas" devem ser dispostas em função dos três eixos fundamentais: a ideia do que é significa ser autêntico, o eu, a visão da sociedade que se quer e o papel que se outorga à natureza, tudo isso a partir de uma perspectiva claramente ideológica que informe os princípios e valores que devem reger cada um destes âmbitos e suas relações.

Para proceder a essa nova caracterização das competências, partiremos de uma primeira aproximação que abarque o desenvolvimento, em função das necessidades da pessoa, em sua dimensão social, interpessoal, pessoal e profissional (Zabala, 1999), de acordo com as ideias das quais dispomos sobre qual deve ser o tipo de pessoa ideal e a sociedade que desejamos, com a finalidade de elaborar, na continuidade, sucessivas competências para cada uma das dimensões.

As diferentes propostas de competências se correspondem com a ideia de formação integral, posto que abarcam todas as capacidades do ser humano, mas para poder se converter em instrumento de tomada de decisões devem mover-se para as "realidades" concretas.

As competências "abstratas" devem ser dispostas em função dos três eixos fundamentais: a ideia sobre o que significa ser autêntico, a visão sobre a sociedade que se deseja e o papel que se outorga à natureza.

Se entendemos que a formação de todos os cidadãos deve estar direcionada a que sejam competentes para serem capazes de responder aos problemas que uma vida comprometida com a melhoria da sociedade e deles mesmos, as competências que deverão aprender podem se desenvolver nas seguintes dimensões: social, pessoal e profissional.

Ser competente no âmbito social: como e com qual finalidade

<small>A finalidade principal da educação deve consistir no pleno desenvolvimento do ser humano em sua dimensão social.</small>

Diante dos numerosos desafios atuais e futuros, a educação deve ser um instrumento indispensável para que a humanidade progrida em direção aos ideais de paz, liberdade, equidade e justiça social, fazendo frente a uma mundialização percebida exclusivamente em seus aspectos econômicos ou técnicos; formando de maneira que as pessoas possam utilizar sua inteligência e seus conhecimentos para transformar a sociedade, e participando em sua gestão desde posições informadas, críticas, cooperadoras e que respeitem a diversidade cultural e os valores das diferentes civilizações. Portanto, a finalidade principal da educação deve consistir no pleno desenvolvimento do ser humano em sua dimensão social.

A função da educação deve se dirigir ao desenvolvimento contínuo da pessoa e da sociedade como uma via, certamente entre outras, mas mais que outras, a serviço de um desenvolvimento humano mais harmonioso e autêntico, com vistas a diminuir a pobreza, a exclusão, as incompreensões, as opressões, as guerras, etc. Do modo definitivo, deve educar para contribuir com um mundo melhor, com um desenvolvimento humano sustentável, com o entendimento mútuo entre os povos, com uma renovação da democracia efetivamente vivida. A formação de um tipo de mulher e de homem que tenha como característica essencial ser um condutor coletivo que se envolve para conseguir o autogoverno do povo e o exercício de uma democracia plena em todos os âmbitos: social, cultural e, especialmente, econômico.

<small>Na **dimensão social** a pessoa dever ser competente para participar ativamente na transformação da sociedade, ou seja, compreendê-la, valorizá-la e nela intervir de maneira crítica e responsável, com vistas a que seja cada vez mais justa, solidária e democrática.</small>

Ser competente no âmbito interpessoal: como e com qual finalidade

Em um momento de crise de valores e de ausência de horizontes estimulantes, quando a indefinição cultural, a impotência diante de muitas decisões políticas condicionadas por interesses distantes das necessidades da maioria, a mercantilização e a fragmentação da cultura, e os princípios de egoísmo, consumismo, competitividade e superficialidade se fazem presentes, a educação tem a tarefa de promover uma cultura de solidariedade, justiça, participação, respeito para com os demais e para com as diferenças, e a defesa dos mais fracos. Uma educação que estimule pessoas a assumir a responsabilidade para com os demais de forma cotidiana, em sua vida familiar, profissional, cultural e associativa; capazes de agir e pensar, de forma sistemática, contra a corrente de uma cultura dominante, contraditória e submetida aos interesses de uma minoria.

> A educação tem a tarefa de promover uma cultura de solidariedade, justiça, participação, respeito para com os demais e para com as diferenças, e defesa dos mais fracos.

Trata-se de educar para compreender melhor aos demais e saber se comunicar com autenticidade, com exigência de entendimento mútuo e de diálogo. Educar com o objetivo de aprender a viver juntos conhecendo melhor os demais seres humanos, enquanto indivíduos e enquanto coletividade, sua história, suas tradições e suas crenças e, a partir daí, criar as condições para a busca de projetos novos ou para a solução inteligente e pacífica de inevitáveis conflitos. Conhecimento e busca de projetos e soluções que promovam valores, atitudes e condutas que respeitem o pluralismo e a diversidade, seja de procedência, de cultura, de gênero ou de idade, tornando compatível o enriquecimento das pessoas uma a uma e das idiossincrasias culturais de cada grupo, comunidade ou etnia.

> Trata-se de aprender a viver conhecendo melhor aos demais, enquanto indivíduos e enquanto coletividade, sua história, suas tradições e suas crenças, e, a partir daí, criar as condições para a busca de projetos novos ou a solução inteligente e pacífica dos inevitáveis conflitos.

Assim, educar é desenvolver o sentido de solidariedade especialmente para com os indivíduos que se encontram imersos em situações mais desfavoráveis, para com as pessoas e grupos mais vulneráveis e para com a exclusão e a marginalidade. É necessário desenvolver a sensibilidade diante do sofrimento humano, estimulando o compromisso vital com a justiça e a igualdade, sobretudo em uma sociedade cada vez mais insensível devido à rápida e abundante informação de conflitos e misérias.

> É necessário desenvolver a sensibilidade diante do padecimento humano estimulando o compromisso vital com a justiça e com a igualdade.

> Na *dimensão interpessoal* o indivíduo deverá ser competente para se relacionar, se comunicar e viver positivamente com os demais, cooperando e participando em todas as atividades humanas desde a compreensão, a tolerância e a solidariedade.

Ser competente no âmbito pessoal: como e com qual finalidade

Para resistir à complexidade crescente dos fenômenos mundiais e poder dominar o sentimento de incerteza que este sentimento causa, a escola deve promover um processo que consista na aquisição do conhecimento, sua relativização e a análise crítica.

As rápidas mudanças derivadas dos avanços da ciência e das novas formas de atividade econômica e social, em um mundo em que os meios de comunicação e os tecnológicos estão à disposição de grande parte da população e facilitam o acesso a uma quantidade imensa de informação, mas alteram, por sua vez, o sentido do saber, o conteúdo da informação e sua exploração, fazem com que, junto à tensão entre as capacidades de assimilação do ser humano e esse extraordinário desenvolvimento e transformação dos conhecimentos, a escola deva realocar-se, detendo o tipo de competências que deve estimular. Não se pode pensar na escola como uma simples transmissora de conhecimentos, mas, para resistir à complexidade crescente dos fenômenos mundiais e poder dominar o sentimento de incerteza que eles suscitam, deve promover um processo que consista ao mesmo tempo na aquisição do conhecimento, em sua revitalização e a análise crítica.

O sistema escolar deve formar cidadãos autônomos, capazes de compreender o mundo social e natural no qual vivem e de participar em sua gestão e melhoria desde posições informadas, críticas, criativas e solidárias. Devem ser capazes de ajudar a transformar uma interdependência real e conflitiva em solidariedade pessoal e socialmente enriquecedora.

Com esse objetivo, deve conseguir que cada pessoa possa compreender a si mesma e aos demais por meio de um melhor conhecimento do mundo, assim como por meio de uma formação que facilite o conhecimento de seu entorno e a reflexão sobre sua pessoa, não somente no âmbito escolar, como também nos restantes âmbitos de sua atividade cotidiana.

A escola tem que ser um lugar para a reflexão crítica da realidade, que favoreça uma verdadeira compreensão dos fatos além da visão simplificadora ou deformadora que, às vezes, os meios de comunicação e certos livros oferecem. Deve desenvolver nos alunos a capacidade de tomar decisões com base na reflexão e no diálogo, promovendo mais do que a formação de futuros cientistas, mas sim a educação de cidadãos em uma cultura científica básica, capacitando-os para interpretar os fenômenos naturais e para agir de forma crítica e responsável diante dos problemas sociais.

A tarefa da escola deve encaminhar-se para facilitar as estratégias necessárias para recolher, selecionar, hierarquizar, interpretar, integrar e transformar a informação, desde um espírito crítico em um conhecimento útil para sua intervenção na realidade. Trata-se de aprender a pensar por si mesmo para deliberar, julgar e escolher de acordo com as próprias reflexões, sabendo que somente quem pensa por si mesmo pode chegar a ser um indivíduo. Uma educação que permita que os indivíduos possam emancipar-se dos preceitos da ignorância e da superstição, capacitando-os, racionalmente, para transformar a si mesmos e ao mundo em que vivem.

No entanto, para chegar a compreender o próprio contexto há um passo prévio relacionado ao desenvolvimento pessoal. Antes de empreender a tarefa de aprender e analisar e interpretar o que ocorre no exterior, deve-se passar pelo autoconhecimento, pela criação do autoconceito e da autoestima, e conseguir a própria autonomia. Esses aspectos, completamente individuais, são a base para poder manter relações interpessoais de qualidade, bem como para participar na vida social de forma justa e democrática e para ser capaz de desenvolver-se na vida profissional.

> Na **dimensão pessoal** o indivíduo deverá ser competente para exercer, de forma responsável e crítica, a autonomia, a cooperação, a criatividade e a liberdade, por meio do conhecimento e da compreensão de si mesmo, da sociedade e da natureza em que vive.

Ser competente no âmbito profissional: como e com qual finalidade

As diferentes mudanças que estão sendo produzidas no mundo, a globalização e a mundialização do mercado de trabalho, estão provocando um transtorno e um verdadeiro desconcerto no que diz respeito às expectativas profissionais e de trabalho. A crise geral de valores provoca a instabilidade no trabalho, ao aceitar o fato de as razões mercantis e financeiras nas quais o que prevalece é a lógica do capital acima das necessidades das pessoas. Situação que significa a existência de uma taxa de desemprego crônica e, o que é mais grave, que segue a lógica economicista acima da lógica humana. Se acrescentarmos a esse estado de coisas as mudanças nos modelos de trabalho "toyotistas" sobre os

> O ensino deve facilitar o desenvolvimento das competências profissionais, exercendo, essencialmente, uma função orientadora a qual permita o reconhecimento e a potenciação das habilidades de cada um de acordo com suas capacidades e seus interesses.

"fordistas", o papel tradicional da educação vacila como meio para a preparação dos futuros profissionais.

Independentemente do irrenunciável questionamento dos sistemas de trabalho, sua distribuição irregular e seu valor instrumental de diferenciação social, o sistema escolar deve responder à necessidade que todos os cidadãos têm de ter acesso ao mundo do trabalho nas melhores condições possíveis, fato que representa que a educação profissional garantisse a adaptação às demandas de trabalho.

Por conseguinte, o ensino deve facilitar o desenvolvimento das competências profissionais das pessoas, mas exercendo, essencialmente, uma função orientadora a qual permita o reconhecimento e a potenciação das habilidades de cada um de acordo com suas capacidades e seus interesses. Tudo isso situado em uma base que, seguindo a lógica das mudanças enumeradas anteriormente, não se limita a obter a aprendizagem de um ofício, mas sim que facilita a aquisição das competências as quais permitam responder às numerosas e variáveis situações que serão encontradas enquanto trabalhador, algumas das quais serão completamente imprevisíveis. Visto que não é possível solicitar ao sistema escolar que forme mão de obra para um trabalho estável, mas sim que forme para a inovação, forme pessoas capazes de evoluir, de se adaptar a um mundo em mutação rápida e de dominar a mudança.

> O sistema escolar deve formar pessoas para a inovação, capazes de evoluir, de se adaptar a um mundo em rápida mutação, mas sem perder a visão global da pessoa como ser crítico diante das desigualdades e comprometido com a transformação social e econômica em direção a uma sociedade na qual não só se garantisse o direito ao trabalho, como também que este seja realizado em função do desenvolvimento das pessoas e não somente dos interesses do mercado.

Faz-se necessário um profissional que da mesma forma que saiba agir, saiba pensar e, portanto, tenha um nível elevado de escolarização e uma atitude de formação permanente, cujas habilidades de aprender a aprender e de trabalho em equipe atuem como fio condutor.

Trata-se de uma educação também para o trabalho, mas sem perder a visão global da pessoa como ser crítico diante das desigualdades e do comprometimento com a transformação social econômica em direção a uma sociedade na qual não apenas se garantisse o direito ao trabalho, como ainda este fosse desenvolvido em função do desenvolvimento das pessoas e não apenas dos interesses de mercado.

> Na **dimensão profissional** o indivíduo deve ser competente para exercer uma tarefa profissional adequada às suas capacidades, a partir dos conhecimentos e das habilidades específicas da profissão, de forma responsável, flexível e rigorosa que lhe permita satisfazer suas motivações e suas expectativas de desenvolvimento profissional e pessoal.

Competências gerais, componentes/conteúdos, competências específicas

O processo anterior permitiu determinar o sentido de competências que ainda seguem sendo gerais. Com vistas a possibilitar a orientação da intervenção em sala de aula, é necessário realizar alguns passos mais em direção a esse processo de sucessivas situações ou derivações das decisões mais gerais às mais concretas. Assim, o passo seguinte consistirá em realizar uma análise de quais são os *componentes* das competências gerais, ou seja, as habilidades, as atitudes e os conhecimentos que são necessários dominar, exercer e conhecer para conseguir ser capaz de agir de modo competente, e que desde o ponto de vista do planejamento educacional corresponderão aos *conteúdos de aprendizagem*.

Essa definição nos permitirá determinar as **competências específicas** relacionadas diretamente aos conteúdos de aprendizagem. Competências específicas que, como tais, deverão incluir os conteúdos conceituais, procedimentais e atitudinais identificados na análise anterior. Na sequência, poderemos estabelecer para cada competência específica os diversos indicadores de obtenção os quais permitirão identificar o grau de competência adquirido sobre cada um dos conteúdos que a constituem, sem perder, em nenhum caso, a referência à competência específica da qual tomam parte. Os indicadores de obtenção, embora se refiram diretamente ao grau de aprendizagem de um ou mais conteúdos, sempre deverão ser um reflexo da competência, pois esta é a que dá verdadeiro significado à aprendizagem dos distintos conteúdos selecionados (Figura 5.1).

Entretanto, antes de realizar esse processo, é importante que, seguindo os apontamentos de Coll e Martín (2006), nos detenhamos um instante na reflexão sobre a maneira como podemos chegar a sobrecarregar o conteúdo curricular. Ou seja, normalmente tende-se a acrescentar conteúdos de aprendizagem ante a necessidade de melhorar ou mudar os resultados educacionais, mas normalmente estes conteúdos são acrescentados, ou seja, não substituem a outros os quais possam estar defasados ou que não sejam tão necessários para alcançar às finalidades educacionais. Desse modo, o currículo acaba sendo um instrumento sobrecarregado e de difícil cumprimento nos planejamentos e nas programações de aula, o que causa a frustração dos professores. Para resolver esse problema, Coll e Martín sugerem a

---

Marginal notes:

O passo seguinte consistirá em realizar uma análise de quais são as habilidades, as atitudes e os conhecimentos que são necessários dominar, exercer e conhecer para conseguir ser capaz de agir de modo competente, e que corresponderão aos conteúdos de aprendizagem.

As competências deverão incluir os conteúdos conceituais, procedimentais e atitudinais.

Os índices de sucesso sempre devem ser um reflexo da competência, pois esta é a que dá verdadeiro significado à aprendizagem dos distintos conteúdos selecionados.

84 Antoni Zabala e Laia Arnau

```
Competência Geral
  Procedimentos    ↔    Conhecimentos    ↔    Atitudes
       A                      A                  1
       B           ↔          B           ↔      2
       C                      C                  3
       D           ↔          D           ↔      4
```

Competência Específica A b 3	Competência Específica B c 2	Competência Específica C d 4	Competência Específica C d 1
Índices de Sucesso A, Ab, c3, A1	Índices de Sucesso B Ba	Índices de Sucesso Ca, C4, Ca4, c4	Índices de Sucesso d3, Cd3, C3

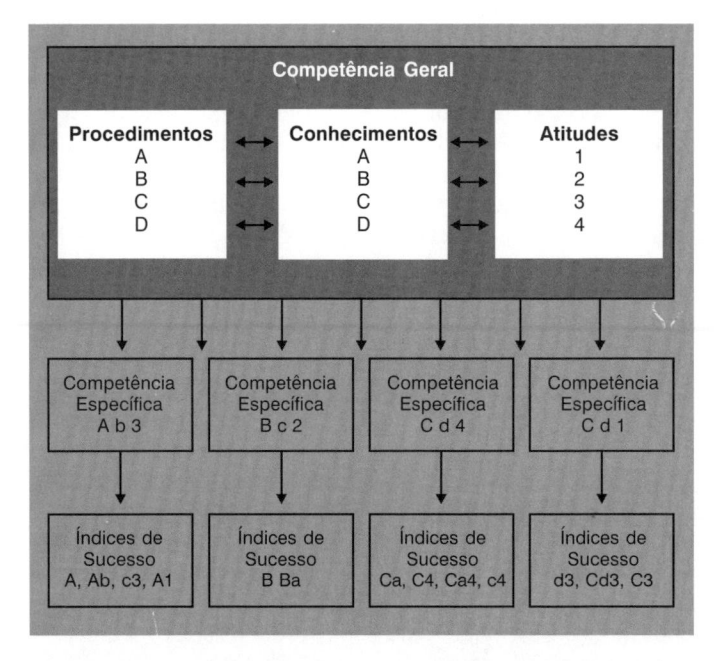

FIGURA 5.1 Derivação das competências gerais aos índices de sucesso.

Nos conteúdos que serão agregados pelo currículo e nos conteúdos já existentes, é preciso diferenciar aqueles que são básicos imprescindíveis dos somente básicos desejáveis.

utilização de um critério no momento de modificar o currículo. Essa medida consiste em se diferenciar os conteúdos que serão incorporados ao currículo e os já existentes os quais são básicos imprescindíveis ou se somente são básicos desejáveis. Por básicos imprescindíveis entendemos aquelas aprendizagens que, em caso de não serem realizadas no final da educação básica, condicionam ou determinam negativamente o desenvolvimento pessoal e social dos alunos afetados, comprometem seu projeto de vida futuro e o colocam em uma situação de claro risco de exclusão social. São, além disso, aprendizagens cuja realização além do período da educação obrigatória apresenta dificuldades.

Os conteúdos básicos desejaveis seriam, por outro lado, as aprendizagens que, ainda contribuindo significativamente para o desenvolvimento pessoal e social dos alunos, não os condicionam ou determinam de modo negativo no caso de não serem aplicados. Além disso, são aprendizagens as quais podem ser "recuperadas" sem grandes dificuldades além do término da educação obrigatória.

Processo de derivação das competências gerais: das competências gerais aos conteúdos de aprendizagem

Com vistas a alcançar as competências descritas anteriormente em cada uma das quatro dimensões (social, interpessoal, pessoal e profissional), em um contexto real, um determinado país e uma escola real, o processo de derivação e aplicação consistirá em responder às seguintes questões:

> O processo de derivação e aplicação consistirá em responder às seguintes questões: o que é necessário saber?, o que se deve saber fazer e de que forma se deve ser?

- O que é necessário *saber?* (os conhecimentos, os conteúdos conceituais).
- O que se deve *saber fazer?* (as habilidades, os conteúdos procedimentais).
- De que forma se deve *ser?* (as atitudes, os conteúdos atitudinais).

No Quadro 5.2 podemos verificar como a resposta a esses questionamentos para cada uma das quatro dimensões dá lugar à generalização do conjunto básico de conteúdos de aprendizagem conceitual, procedimental e atitudinal.

Conteúdos conceituais

No Quadro 5.2 pode-se ver de que forma, na dimensão social, os conteúdos conceituais derivarão de múltiplas disciplinas científicas, especialmente das ciências sociais, da história, da geografia, da sociologia e das ciências da natureza. Na dimensão interpessoal, os conhecimentos procederão, principalmente da psicologia, da psicologia social e da sociolinguística. Na dimensão pessoal, os conteúdos conceituais serão de disciplinas ou áreas do conhecimento relacionadas à saúde, ao desenvolvimento psicomotor e à psicologia. E na dimensão profissional corresponderão aos conhecimentos básicos para o desenvolvimento dos estudos profissionais e universitários.

Conteúdos procedimentais

Se nos focarmos nos conteúdos procedimentais, observaremos que em todas as dimensões há termos como: "busca", "análise", "organização" e "interpretação da informação", "atuação autônoma", "aprendizagem", "planejamen-

QUADRO 5.2 Competências gerais e competências específicas

	Competências		Competências Específicas		
		Saber	Saber	Saber Facer	Ser
Dimensão social	Participar Compreender Valorizar Intervir	Conhecimentos provenientes de múltiplas disciplinas científicas.	Fazer Participar Compreender Valorizar Intervenir	Ativo Crítico Responsável Justo Solidário Democrático
Dimensão interpessoal	Relacionar-se Comunicar-se Cooperar Participar	Conhecimentos provenientes da sociologia, da psicologia, da sociolinguística, etc.	Relacionar-se Comunicar-se Cooperar Participar	Compreensivo Tolerante Solidário
Dimensão pessoal	Exercer autonomia, a cooperação, a criatividade e a liberdade.	Conhecimentos provenientes de múltiplas disciplinas científicas.	Atuar de forma autônoma Empreender Resolver problemas	Responsável Autônomo Cooperativo Criativo Livre
Dimensão profissional	Exercer uma tarefa profissional.	Conhecimentos provenientes de múltiplas disciplinas científicas e profissionais.	Habilidades gerais para profissionalização	Responsável Flexível Rigoroso

to" e "organização de atividades", "solução de problemas" e "gestão e solução de conflitos". Na dimensão social, interpessoal e profissional: "comunicação de ideias e informação", "trabalho em equipe", "participação na vida pública" e "interação dentro de um grupo" tanto homogêneo quanto heterogêneo.

Conteúdos atitudinais

O desenvolvimento das competências nas quatro dimensões significa a aprendizagem de **conteúdos atitudinais** como: identidade, solidariedade, respeito aos demais, tolerância, empatia, assertividade, autoestima, autocontrole, responsabilidade, adaptabilidade, flexibilidade, etc.

NA PRÁTICA

Competências gerais, conteúdos de aprendizagem e competências específicas

No "Currículo Basco para o período da escolaridade obrigatória. Proposta para sua valorização e melhoria", documento-base (AA.VV., 2005), realizou-se um exaustivo processo de análise das competências gerais e específicas que devem ser tratadas por todas as áreas disciplinares. Como exemplo veremos suas características a partir da revisão de alguns de seus componentes da área de língua e literatura:

Exemplo de competências gerais

Competência geral 1: compreender, de forma eficaz e crítica, todo tipo de textos orais e escritos provenientes de diferentes âmbitos sociais, e utilizar o resultado da leitura ou da escuta na aplicação de objetivos pessoais, sociais ou acadêmicos.

Competência geral 6: desfrutar do fato literário, por meio da leitura de textos de referência e de própria seleção, e da incursão em outros campos artísticos audiovisuais (teatro, cinema, rádio, televisão, etc.), para dar sentido à própria experiência, para compreender a condição humana e desenvolver a sensibilidade lúdico-estética, com vistas a construir a própria identidade pessoal e social.

Exemplo de conteúdos atitudinais, procedimentais e conceituais

Conteúdos Atitudinais	Conteúdos Procedimentais	Conteúdos Conceituais
1. Responsabilidade diante da própria aprendizagem demonstrando autonomia, iniciativa e esforço pessoal, assumindo os possíveis riscos que impliquem as decisões tomadas e mostrando espírito de superação e perseverança diante das frustrações. 2. Autonomia e criatividade no planejamento, desen-	1. Pautas para a compreensão de textos orais. *1.1. Fase de pré-escuta* ▸ Definição do objetivo de escuta e dos elementos que intervêm na situação de comunicação. ▸ Seleção do tipo de escuta em função da situação, do objetivo de escuta e das características do gênero do texto.	1. Características próprias da comunicação oral *1.1 Características contextuais* **Informal** ▸ Caráter universal, constitutivo da natureza humana. ▸ Desenvolvimento espontâneo na sociedade. ▸ Efêmera, fugaz. ▸ Presença dos interlocutores: espaço-tempo simultâneo e compartilhado.

(continua)

(continuação)

Conteúdos Atitudinais	Conteúdos Procedimentais	Conteúdos Conceituais
volvimento e apresentação de trabalhos, tanto orais quanto escritos, conhecendo e aceitando as próprias qualidades e limitações para desenvolver a autoestima. 3. Atitude crítica diante dos usos discursivos verbais e não verbais orientados à persuasão ideológica (especialmente dos meios de comunicação), e diante da utilização de conteúdos e formas que denotam discriminação social, racial, sexual, cultural, etc. 4. Cooperação com iniciativa e responsabilidade nas tarefas compartilhadas, participando de modo ativo e mostrando interesse, flexibilidade e respeito às ideias alheias. 5. Respeito às demais pessoas e para com suas opiniões e ideias, e autocontrole das emoções na gestão de conflitos em todo o tipo de situações da vida pessoal ou social, com vistas a uma boa comunicação interpessoal. 6. Participação ativa e responsável nos processos de normalização do euskera e transmissão da cultura vasca.	▸ Ativação de conhecimentos prévios. ▸ Realização de antecipações (hipóteses, predições, etc.) baseando-se nos próprios conhecimentos e no contexto comunicativo. *1.2. Fase de escuta* ▸ Interpretação do conteúdo do texto: ▸ Reconstrução do sentido global do texto. ▸ Reconhecimento das informações essenciais em função da finalidade. ▸ Discriminação de ideias principais e secundárias, tese e argumentos, informações relevantes e irrelevantes. ▸ Relação das informações formulando as inferências oportunas. ▸ Relação e contraste das informações do texto com os próprios conhecimentos. ▸ Diferenciação entre informação e opinião, argumentos e falácias, etc. ▸ Interpretação de elementos implícitos, pressuposições, sentidos ocultos, duplos sentidos, ambiguidades, elipse, etc.	▸ Informação contextual implícita. ▸ Discurso formulado sobre o curso e de forma simultânea à recepção. ▸ Presença de registros idiomáticos e variedades dialetais em função das características sociais dos elementos da situação de comunicação. **Formal** ▸ Caráter não universal e aprendizagem escolar. ▸ Efêmera e produzida em tempo real. ▸ Contexto situacional compartilhado e com uma comunicação relativamente unidirecional e hierarquizada. ▸ Interação emissor-receptor: relação emocional. *1.2. Características textuais* **Informal** ▸ Tema geral e livre. ▸ Registro normalmente coloquial. ▸ Dialogada. ▸ Interpessoal e subjetiva. ▸ Espontânea e redundante. ▸ Estrutura textual livre (digressões, mudanças de tema, etc.). ▸ Intervenção fundamental de linguagens não ver-

(continua)

(continuação)

Conteúdos Atitudinais	Conteúdos Procedimentais	Conteúdos Conceituais
7. Valorização, interesse e respeito à realidade plurilinguística e pluricultural do próprio entorno, e reconhecimento da própria identidade plurilíngue enquanto meio de enriquecimento intelectual, cultural e social. 8. Criatividade e imaginação na expressão literária, bem como na percepção e na realização de tarefas, considerando alternativas novas e contribuindo com ideias originais. 9. Sensibilidade estética diante de produções literárias próprias e alheias, valorizando os elementos criativos e estilísticos das mesmas.		bais (gestual, facial, corporal, proxêmico). **Formal** ▶ Temas mais ou menos especializados. ▶ Registro formal. ▶ Geralmente monologada. Combinação de planejamento e espontaneidade. ▶ Mais redundante e com menor densidade de informação que a língua escrita. ▶ Intervenção fundamental de linguagens não verbais (gestual, facial, corporal, proxêmico). ▶ Integração de códigos audiovisuais e verbais.

Exemplo de competências específicas

1. Captar as ideias essenciais de exposições orais extensas e linguisticamente complexas sobre temas e conteúdos de diferentes âmbitos de uso, e expressá-las de forma oral ou escrita.

2. Selecionar, em textos de diversos gêneros e procedentes de distintos âmbitos de utilização, as informações pertinentes com vistas a responder à finalidade de escuta, utilizando para isso o procedimento de recolhimento de dados mais adequado.

3. Participar de modo ativo em conversações, discussões ou debates, intervindo de forma pertinente e adequada, demonstrando um nível de autocontrole aceitável

(continua)

Como aprender e ensinar competências 91

      para o trabalho cooperativo na execução de tarefas comuns ou o desenvolvimento e contraste de ideias e pontos de vista.

4. Conversar comoda e adequadamente, em todo o tipo de situações da vida pessoal ou social, para desenvolver uma boa comunicação interpessoal respeitando aos demais e evitando o uso de esteriótipos que marquem qualquer classe de discriminação.

5. Realizar de maneira autônoma apresentações orais claras e bem estruturadas sobre um tema complexo, planejando-as previamente e utilizando diversas técnicas de apresentação.

6. Captar o significado global de textos escritos de diversos gêneros e procedentes de distintos âmbitos de uso.

7. Localizar e selecionar informação relevante para responder ao objetivo de leitura, demonstrando iniciativa, autonomia e eficácia no uso de diferentes fontes de informação.

8. Interpretar de maneira crítica o conteúdo e a forma de textos ideologicamente simples e de tema conhecido (especialmente os provenientes dos meios de comunicação), captando seu sentido e avaliando sua conveniência de acordo com normas morais e éticas, e contribuindo com a própria opinião sobre o tema.

9. Resumir oralmente e por escrito o conteúdo global de textos escritos de diferentes gêneros pertencentes a diversos âmbitos de uso, realizando uma leitura reflexiva dos textos.

10. Conhecer o funcionamento dos elementos linguísticos em diferentes planos do texto e utilizá-los tanto para compreender os textos alheios quanto para produzir e revisar os próprios.

A aprendizagem das competências é sempre funcional 6

A aprendizagem de uma competência está muito distante do que vem a ser uma aprendizagem mecânica e implica o maior grau de relevância e funcionalidade possível, pois para poder ser utilizada devem ter sentido tanto a própria competência quanto seus componentes procedimentais, atitudinais e conceituais.

A complexidade do conhecimento sobre a aprendizagem das competências

No Capítulo 5, revisamos as propostas sobre quais são as competências que devem ser objeto do ensino e, em capítulos anteriores, verificamos sua complexidade estrutural. Com o objetivo de estabelecer os critérios para seu ensino, é necessário recorrer ao conhecimento que se tem sobre como as competências são aprendidas. Dispomos desse conhecimento? Existem estudos confiáveis sobre o modo como as pessoas conseguem ser competentes?

Atualmente não temos um conhecimento suficientemente elaborado a qual nos permita responder de modo científico a essas duas perguntas. As competências são constructos completos, eminentemente de caráter processual, com aplicações infinitas em função dos múltiplos contextos e das diferentes realidades, e consequentemente, de difícil análise a partir de sua globalidade. No entanto, temos dados suficientes sobre as condições gerais sobre como as pessoas aprendem e também sobre a forma como é produzida a aprendizagem dos distintos componentes (procedimentais, conceituais e atitudinais) que configuram qualquer competência.

Competências e aprendizagens subjetivas

O termo "aprendizagem significativa" surge da constatação de que tudo o que se aprende não se integra do mesmo modo às estruturas do conhecimento. Assim, podemos identificar algumas aprendizagens, seja uma fórmula matemática ou uma enunciação de um princípio físico, que se integraram na estrutura cognoscitiva (que foram adquiridos) de forma superficial, mediante um processo de memorização simples, de tal modo que é possível sua reprodução de forma mais ou menos literal, mas não sua utilização para a solução de um problema real ou a interpretação de um fenômeno físico. Ao contrário, também dispomos de muitas aprendizagens que não apenas somos capazes de reproduzir, como também que nos são úteis para responder a problemas reais e para compreender o que ocorre à nossa volta. Se situássemos ambas as aprendizagens em um contínuo, encontraríamos em um dos extremos as aprendizagens superficiais, de memorização, as quais podemos chamar de "mecânicas", e em outro extremo, aprendizagens muito elaboradas, úteis para a compreensão e interpretação, as quais podemos considerar como "aprendizagens profundas ou significativas". Assim, ao longo desse contínuo podemos situar as aprendizagens com um maior ou menor grau de profundidade ou significado. Dentro desse contínuo, uma aprendizagem será mais ou menos significativa quando não apenas implicar uma memorização compreensiva, a lembrança daquilo que se compreendeu, mas sim quando for possível sua aplicação em contextos diferenciados e, portanto, for uma aprendizagem que possa ajudar a melhorar a interpretação ou a intervenção em todas as situações em que se fizerem necessárias.

> Uma aprendizagem será mais ou menos significativa quando, além de significar uma memorização compreensiva, for possível sua aplicação em contextos diferenciados e quando puder ajudar a melhorar a interpretação ou a intervenção em todas as situações em que se fizerem necessárias.

As competências, por definição própria, implicam uma ação, uma intervenção que, para que seja eficaz, é necessária a mobilização de diferentes recursos formados por esquemas de atuação que integram ao mesmo tempo conhecimentos, procedimentos e atitudes. Uma ação que é impossível de ser aplicada a qualquer competência se os próprios esquemas de atuação e seus componentes não foram adquiridos com o maior grau de relevância possível. Não é possível aplicar, de modo eficaz, o que não se aprendeu ou se dominou suficientemente. Ou o aprendido se compreende e domina profundamente, ou dificilmente poderá ser utilizado de forma competente diante de uma situação real específica. Não é possível ser competente se a aprendizagem dos componentes foi apenas de caráter mecânico.

> As competências implicam uma ação que, para ser eficaz, deve mobilizar diferentes recursos constituídos por esquemas de atuação que integram conhecimentos, procedimentos e atitudes.

O ensino herdado está cheio de conhecimentos adquiridos por pura e simples repetição, de modo que a memória nos permite reproduzir uma fórmula, resolver uma equação de segundo grau ou identificar o sintagma nominal em uma frase, mas somos incapazes e incompetentes para aplicar esses conhecimentos na interpretação de situações reais. O domínio de uma competência implica, necessariamente, um nível elevado de relevância; representa a compreensão e a capacidade de aplicação em múltiplos contextos e diversas situações.

As características da aprendizagem das competências estão diretamente relacionadas às condições que devem ocorrer para que as aprendizagens realizadas sejam o mais significativo e funcional possível. Como vimos até aqui, a aprendizagem significativa sempre representa falar de diferentes graus de relevância, ou seja, não é uma questão de tudo ou nada. Considerando a estreita relação existente entre a relevância da aprendizagem e as competências, estas também são aprendidas com diferentes graus de domínio e eficácia. Não se é inteiramente competente ou completamente incompetente. Esses graus são relacionados às condições que intervêm no próprio processo de aprendizagem. Dessa forma, uma aprendizagem será mais ou menos significativa conforme a maior ou a menor intensidade dos fatores ou das condições que intervêm em sua aprendizagem. Vejamos quais são essas condições.

As características da aprendizagem das competências estão diretamente relacionadas às condições que devem ocorrer para que as aprendizagens sejam o mais significativo e funcional possível.

Princípios psicopedagógicos da aprendizagem significativa

As teorias construtivistas e socioconstrutivistas desenvolveram a base teórica das condições que devem ocorrer para que as aprendizagens sejam o mais significativas. Os diferentes pesquisadores que atuam nessa base interpretativa dos processos de aprendizagem não estabeleceram um único conjunto de condições, mas sim contribuíram para identificar, a partir de diferentes modelos experimentais, os fatores e as características que contribuem para que as aprendizagens sejam as mais profundas e significativas possíveis. Dessa forma, podemos reconhecer uma série de explicações desenvolvidas por diversos autores e que podem ser expressas em uma série de *princípios psicopedagógicos*:

Os diferentes pesquisadores que atuam na base da interpretação dos processos de aprendizagem contribuíram para identificar, a partir de diferentes modelos experimentais, os fatores e as características que contribuem para que as aprendizagens sejam o mais profundas e significativas.

Esquemas de conhecimento e conhecimentos prévios

Nossa estrutura cognoscitiva está configurada por uma rede de **esquemas de conhecimento**. Esses esquemas se definem como as representações que uma pessoa possui, em dado momento de sua existência, sobre algum objeto de conhecimento. Ao longo da vida, esses esquemas são revisados, modificados, tornam-se mais complexos e adaptados à realidade e, portanto, mais ricos em relações. Se isso realmente é assim, qualquer nova aprendizagem deverá "constituir-se" a partir dos esquemas existentes. Isso significa a caracterização dos *conhecimentos prévios*, sejam competências ou seus componentes, como ponto de partida para as novas aprendizagens.

Os esquemas de conhecimento se definem como as representações que uma pessoa possui em dado momento sobre algum objeto de conhecimento. Os conhecimentos prévios são o ponto de partida para as novas aprendizagens.

Vinculação profunda entre os novos conteúdos e os conhecimentos prévios

A verdadeira aprendizagem é produzida quando são estabelecidas relações substanciais e não arbitrárias entre o que já era parte das estruturas cognoscitivas dos alunos e o novo conteúdo de aprendizagem.

A aprendizagem é produzida quando são estabelecidas **relações substanciais** e **não arbitrárias** entre o que já era parte da estrutura cognoscitiva do aluno e o novo conteúdo de aprendizagem. Na medida em que essas relações podem ser estabelecidas, ou seja, quando a distância entre o que se sabe e o que se têm que aprender é adequada, quando o novo conteúdo tem uma estrutura adequada, e o aluno, certa disposição para chegar ao fundo, relacionar e tirar conclusões (Ausubel, Novak e Hanesian, 1983), a aprendizagem é uma aprendizagem significativa que está de acordo com a adoção de um enfoque profundo. Quando essas conclusões são deficitárias ou não estão presentes, a aprendizagem ocorre de maneira mais superficial, e levando ao extremo, pode ser uma aprendizagem mecânica, caracterizada pelo escasso número de relações que podem ser estabelecidas com os esquemas de conhecimento presentes na estrutura cognoscitiva e, consequentemente, de fácil submissão ao ouvido.

Nível de desenvolvimento

As capacidades cognitivas de que o aluno dispõe para enfrentar uma nova aprendizagem delimitam o nível de desenvolvimento.

Uma das condições expressas anteriormente se refere à disposição dos alunos para estabelecer os vínculos entre os conhecimentos prévios e os novos conteúdos. Para que o processo de aprendizagem seja desencadeado, não basta que os alunos se encontrem diante dos conteúdos para aprender, mas, antes, é necessário que eles possam atualizar seus esquemas de conhecimento, contrastá-los com o que é novo, identificar semelhanças e diferenças e integrá-las em seus esquemas, no entanto, isso nem sempre é possível. Dependerá, também, das capacidades cognitivas das quais os alunos dispõem para essa aprendizagem, ou seja, de seu **nível de desenvolvimento**.

Zona de desenvolvimento proximal

Outra das condições mencionadas faz referência à distância adequada entre o que se sabe e o que se deseja aprender. Dessa forma, a intervenção pedagógica é concebida como uma ajuda ajustada ao processo de construção do aluno; uma intervenção que cria **zonas de desenvolvimento proximal** (Vigotsky, 1979) e que ajuda os alunos percorrê-las. Por conseguinte, a situação de ensino e aprendizagem também pode ser considerada como um processo encaminhado a superar desafios, desafios que possam ser abordados e que façam avançar um pouco além do ponto de partida.

Disposição para a aprendizagem

Na disposição para a aprendizagem e na possibilidade de convertê-la em significativa, influenciam, junto com as capacidades cognitivas, os fatores vinculados às capacidades de equilíbrio pessoal, de relação interpessoal e de inserção social. Os alunos percebem a si mesmos e percebem as situações de ensino e aprendizagem de uma determinada maneira, e essa percepção – "conseguirei, me ajudarão, é divertido, é chato, serei derrotado, farei mal, é interessante, serei castigado, terei uma nota boa, etc." – influenciam na maneira de se situar diante dos novos conteúdos e, muito provavelmente, (Solé, 1993) nos resultados que serão obtidos.

Relevância e funcionalidade dos novos conteúdos

Uma das condições fundamentais para que uma aprendizagem seja significativa, relevante, refere-se à necessidade de que esse novo conteúdo seja significativo por si mesmo, ou seja, que o aluno possa lhe atribuir sentido. Essa condição se cumpre totalmente quando esse conteúdo é apresentado a partir de sua funcionalidade. Concepção especialmente adequada quando nos referimos às competências, visto que sua característica essencial é a aplicabilidade de cada um de seus componentes.

Atividade mental e conflito cognitivo

Estabelecer vínculos substanciais e não arbitrários entre os novos conteúdos e os conhecimentos prévios é uma tarefa difícil, quase sempre é mais fácil aprender por memorização, de forma mecânica, uma definição, um texto ou uma fórmula matemática, do que compreendê-las em todo seu significado. Para que a aprendizagem seja produzida, é indispensável o papel ativo e protagonista do aluno. É necessário que desenvolva uma *atividade mental* que possibilite a reelaboração de seus esquemas de conhecimento, processo no qual tem uma especial relevância o que Piaget denomina **conflito cognitivo**, por meio do qual o aluno questiona suas ideias, como passo prévio à construção de significados.

> A zona de desenvolvimento proximal faz referência à distância adequada entre o que se sabe e o que se deseja aprender.

> Na disposição para a aprendizagem influenciam, junto com as capacidades cognitivas, os fatores vinculados às capacidades de equilíbrio pessoal, relação interpessoal e inserção social.

> Uma das condições fundamentais para que uma aprendizagem seja significativa, refere-se à necessidade de que esse novo conteúdo seja significativo por si mesmo.

> Para que a aprendizagem seja produzida, é indispensável o papel ativo e protagonista do aluno, que deve desenvolver uma atividade mental que possibilite a reelaboração de seus esquemas de conhecimento, processo na qual tem uma especial relevância o conflito cognitivo por meio do qual o aluno questiona suas ideias, como passo prévio para a construção de significados.

Atividade mental que é possível a partir da realização de diversas atividades pessoais que facilitam esse processo: a observação, a análise, os contrastes, a aplicação em contextos diversos, etc. Essa atividade mental, consequentemente, passa em muitos casos pela atividade física do aluno, mas na qual essa atividade física é somente o meio para que o processo mental construtivo seja produzido.

Atitude favorável, sentido e motivação

Como comentamos, aprender significativamente significa uma importante atividade mental por parte do aluno, o que implica em uma necessidade de realizar atividades geralmente difíceis. Esse esforço não se realizará, de modo conveniente, se não existir uma *atitude favorável* em relação ao objeto de aprendizagem. Atribui-se *sentido* ao que se aprende quando existe um interesse manifesto em relação aos novos conteúdos de aprendizagem; ou seja, quando esses conhecimentos são considerados necessários para responder a questões que interessam ou que melhoram o domínio das habilidades que já se possui. O que em termos pedagógicos se chama *motivação intrínseca*, ou seja, quando a motivação está relacionada à aprendizagem por si mesma e não apenas é um meio para alcançar uma nota satisfatória na avaliação ou aprovação dos professores, dos colegas ou da família.

> Aprender significativamente representa um esforço, e essa aprendizagem não se realizará se não existir uma atitude favorável com o objeto de aprendizagem.

> Atribui-se sentido ao que se aprende quando existe motivação intrínseca.

Autoestima, autoconceito e expectativas

A aprendizagem não possui um efeito, por assim dizer, cognitivo. Também incidem nesse efeito, bem como na forma de perceber a escola, o professor e os colegas e, portanto, na forma de se relacionar com eles, o *autoconceito* e a *autoestima*. Vale dizer que, incidem nas diversas capacidades das pessoas, em suas competências e em seu bem-estar. As expectativas de êxito que resultam das ideias de que se dispõe sobre cada um são determinantes para o desenvolvimento de uma atitude favorável para com os conteúdos e as tarefas que possibilitem sua aprendizagem.

> O autoconceito e a autoestima incidem nas diversas capacidades das pessoas, em suas competências e em seu bem-estar. As expectativas de êxito, o resultado das ideias dispostas sobre cada um, são determinantes para o desenvolvimento de uma atitude favorável.

Reflexão sobre a metacognição

A capacidade de refletir sobre como se produz a própria aprendizagem não apenas consegue que esta seja mais profunda e significativa, como também facilita as novas aprendizagens. O conhecimento sobre a própria cognição representa a capacidade de tomar consciência do funcionamento de nossa maneira de aprender e compreender os fatores que explicam que os resultados de uma atividade sejam positivos ou negativos. Regular a própria aprendizagem é um fator chave na aprendizagem de competências, uma vez que significa saber planejar quais estratégias de aprendizagem devem ser utilizadas em cada situação, aplicá-las, controlar o processo, avaliá-lo com vistas a detectar possíveis falhas e, em consequência, ser capaz de transferir tudo isso a uma nova atuação. As habilidades para aprender a aprender que são estratégias cognitivas nucleares de qualquer atuação competente: planejamento, identificação, aplicação, avaliação e transferência.

> Regular a própria aprendizagem é um fator chave na aprendizagem de competências, uma vez que significa saber planejar quais estratégias de aprendizagem devem ser utilizadas em cada situação, aplicá-las, controlar o processo, avaliá-lo para detectar possíveis falhas e ser capaz de transferir tudo isso para uma nova atuação.

Análise estrutural das competências e a aprendizagem de seus componentes

Os princípios psicopedagógicos descritos nos apresentam critérios gerais sobre as condições que devem estar presentes em todo o processo de aprendizagem de competências, e nos quais os conceitos de funcionalidade e relevância são essenciais. Os princípios psicopedagógicos relacionados aos conhecimentos prévios nos apontam as bases sobre as quais as novas aprendizagens devem ser construídas. No caso das competências, referem-se ao maior ou menor grau que já possuem ou às habilidades, aos conhecimentos e às atitudes prévias de que já se dispõe em relação a seus componentes. O nível de desenvolvimento do aluno nos mostrará a dificuldade ou a facilidade para a aprendizagem das competências e, consequentemente, a necessidade de uma maior ou menor ajuda. A contribuição de Vigotsky com o princípio da zona de desenvolvimento proximal será essencial para estabelecer os diferentes graus de aprendizagem em função das características individuais. A disposição para aprendizagem, as expectativas e as ideias sobre cada um estão relacionadas à atitude favorável para o desenvolvimento de novas competências. E a atividade mental, eixo nuclear sobre o qual gira a aprendizagem, conjuntamente com a reflexão sobre a mesma, propiciará a identificação do papel do aluno e das características das atividades de aprendizagem que possibilitem a elaboração e a apropriação das competências.

> A atividade mental propiciará a identificação do papel do aluno e das características das atividades de aprendizagem que possibilitam a elaboração e a apropriação das competências.

Esses princípios nos mostram quais medidas devem ser tomadas para que o aluno desenvolva uma competência, mas podemos aprofundar muito mais se acrescentarmos o conhecimento que temos sobre de que forma os componentes das competências são aprendidos, na medida em que eles são conceituais, procedimentais ou atitudinais. Na continuação repassaremos as características básicas do processo de aprendizagem dos componentes das competências conforme sua tipologia:

A aprendizagem dos fatos

Os conteúdos factuais ou fatos são definidos como conteúdos de aprendizagem singulares, de caráter descritivo e concreto. Nessa categoria encontramos: nomes de personagens históricos e literários, datas de acontecimentos, obras de arte, nomes e localização da geografia física e política mundial, fórmulas matemáticas, símbolos, códigos, categorias, classificações, etc. Esses conteúdos são fundamentais, pois, frequentemente, são necessários para poder compreender a maioria das informações e problemas que surgem na vida cotidiana e profissional, sempre que se disponha, por sua vez, dos conceitos associados aos quais permitem sua interpretação.

Um fato aprendido por meio da compreensão de um conceito associado pode ser utilizado em uma atuação competente quando de sua reprodução literal. Esses conteúdos se correspondem aos conhecimentos que podem ser aprendidos a partir da memorização, ou seja, de forma quase mecânica. Esse caráter reprodutor representa a realização de exercícios de *repetição verbal* no processo de aprendizagem. A estratégia consistirá em repetir o objeto de estudo tantas vezes quantas forem necessárias até chegar a uma automatização da informação.

Com vistas a facilitar a aprendizagem desse tipo de conteúdo (factual), serão utilizadas organizações significativas ou associações que facilitem a tarefa de memorização no processo de repetição. Por exemplo, listas agrupadas em ideias significativas, relações com esquemas ou representações gráficas, associações entre um determinado conteúdo e outro significativamente assimilado, etc. Embora esta aprendizagem repetitiva não requeira muito planejamento nem intervenção externa, para fazer esses exercícios de caráter rotineiro é imprescindível uma atitude ou predisposição favorável. Além disso, se ao final de um tempo não se realizarem atividades para estimular a memória, corre-se o risco de que sejam esquecidos com facilidade.

A aprendizagem dos conceitos

Os conceitos e os princípios são conteúdos de aprendizagem de caráter abstrato, os quais exigem a compreensão. São exemplos de conceitos: *mamífero, densidade, impressionismo, função, sujeito, romantismo, demografia, nepotismo, cidade, potência, acordo, pirueta, etc.* São princípios as leis ou as regras como a de Arquimedes, as que relacionam demografia e território, as normas ou as regras de uma corrente arquitetônica ou literária, as conexões entre diferentes axiomas matemáticos, etc.

Não é possível afirmar que se aprendeu um conceito ou um princípio se seu significado não foi compreendido. É possível dizer que esses conteúdos são aprendidos não quando se é capaz de repetir sua definição, mas sim quando se é capaz de utilizá-los para a interpretação, compreensão ou exposição de um fenômeno ou uma situação, ou então quando possível situar os fatos, os objetos ou as situações reais naquele conceito que os inclui. E mais: podemos afirmar que esse tipo de aprendizagem dificilmente pode ser considerado acabado, pois sempre existe a possibilidade de ampliar ou aprofundar seu conhecimento, de torná-lo mais significativo.

> Os conceitos e os princípios são aprendidos quando é possível utilizá-los para a interpretação, compreensão ou exposição de um fenômeno ou situação, ou então quando é possível situar os fatos, os objetos ou as situações reais no conceito que os inclui.

As condições para uma aprendizagem de conceitos ou princípios coincidem com os princípios psicopedagógicos descritos anteriormente. Trata-se de atividades complexas que promovam um verdadeiro processo de elaboração e construção pessoal do conceito; que facilitem a relação dos novos conteúdos de aprendizagem com os conhecimentos prévios; que promovam uma forte atividade mental que facilite essas relações; que atribuam relevância e funcionalidade aos novos conceitos e princípios; que representem um desafio ajustado às possibilidades reais, etc. E, por último, atividades que favoreçam a compreensão do conceito a fim de utilizá-lo para a interpretação ou para o conhecimento de situações, ou ainda para a construção de outras ideias.

A aprendizagem dos procedimentos

Um conteúdo procedimental é um conjunto de ações ordenadas e finalizadas, ou seja, dirigidas à obtenção de um

Os conteúdos procedimentais são aprendidos por meio de um processo de exercitação tutelada e refletida a partir de modelos científicos.

objetivo. São conteúdos procedimentais: ler, desenhar, calcular, classificar, traduzir, recortar, pular, inferir, injetar, etc.

Dessa forma, podemos dizer que os conteúdos procedimentais são aprendidos por meio de um processo de *exercitação tutelada e reflexiva* a partir de *modelos científicos*. Ou seja, uma vez observadas as ações que os constituem, para que esses procedimentos sejam aprendidos é indispensável que os alunos realizem as ações observadas, de forma que possam praticar a *exercitação* múltipla guiada, ou seja, uma exercitação de caráter progressivo de maior ou menor ajuda externa. Tudo isso acompanhado por uma *reflexão* sobre a mesma atividade que permite tomar consciência da própria atuação, ser capaz de refletir acerca de como essa atuação é realizada e quais são as condições ideais para seu uso. Consideração esta que nos permite atribuir importância, por um lado, aos componentes teóricos dos conteúdos procedimentais que devem ser aprendidos e, por outro, à necessidade de que esses conhecimentos estejam em função do uso, de sua funcionalidade. Processo de aprendizagem que é reforçado com a *aplicação do aprendido em contextos diferenciados* para que seja mais útil na medida em que podemos utilizá-lo em situações nem sempre previsíveis. Se os exercícios são numerosos e realizados em contextos diferentes, as aprendizagens poderão ser transferidas mais facilmente em ocasiões futuras.

A aprendizagem das atitudes

Os conteúdos atitudinais englobam valores, atitudes e normas. Todos esses conteúdos estão configurados por componentes cognitivos (conhecimentos e crenças), afetivos (sentimentos e preferências) e atitudinais (ações e declarações de intenção), mas a incidência de cada um desses componentes varia em se tratando de um valor, uma atitude ou uma norma.

O processo de aprendizagem desses conteúdos significa elaborações complexas de caráter pessoal com uma grande vinculação afetiva. Atitudes são aprendidas a partir de modelos ou por meio das vivências continuadas em contextos com grandes implicações afetivas: querer ser como alguém que se admira ou querer viver de acordo com as normas de um grupo social para poder permanecer ligado a ele. Duas formas de aprendizagem que promovem a *heteronomia moral*, ou seja, querer não por si mesmo, mas para ser como outros ou para poder viver com outros.

Aprende-se, também e especialmente, por meio de processos de reflexão e posicionamento pessoal diante de situações conflitivas que obrigam o estabelecimento de nomas comportamentais. Nesse caso, atua-se e é não por querer ser ou ter de ser como os demais, mas sim por próprio convencimento, porque se assume essa atitude como princípio de atuação pessoal, ou seja, atua-se com *autonomia moral*. A aprendizagem dos conteúdos atitudinais supõe um conhecimento e uma reflexão sobre os possíveis modelos, uma análise e uma valorização das normas, uma apropriação e elaboração do conteúdo, o que significa a análise dos fatores positivos e negativos, uma tomada de posição, uma implicação afetiva e uma revisão e valorização da própria atuação.

> O processo de aprendizagem dos conteúdos atitudinais supõe um conhecimento e uma reflexão sobre os possíveis modelos, uma análise e uma valorização das normas, uma apropriação e elaboração do conteúdo, o que implica a análise dos fatores positivos e negativos, uma tomada de posição, uma implicação afetiva e uma revisão da própria atuação.

As competências e a importância de seu núcleo procedimental

A análise dos princípios psicopedagógicos gerais da aprendizagem e a consideração das características da aprendizagem, conforme a tipologia dos componentes, permite-nos identificar os critérios sobre os quais basear a compreensão da complexidade do processo de aprendizagem das competências. Se revisarmos o processo de atuação competente descrito no Capítulo 2 (ver Figura 2.1, na p. 39) e analisarmos cada uma de suas fases (Quadro 6.1), poderemos verificar de que forma o domínio procedimental é chave, pois é o que corresponde às habilidades que se desdobrarão nas três primeiras fases de aplicação de uma competência e, concretamente, na aplicação contextualizada do esquema de atuação no qual o uso do componente procedimental é o que configura a própria ação da competência.

> O domínio procedimental é chave no processo de aprendizagem das competências, pois é o que se corresponde às habilidades que devem se desdobrar nas primeiras fases de aplicação de uma competência e, de modo concreto, na aplicação contextualizada do esquema de atuação.

Isso nos leva a considerar a forma na qual os procedimentos são aprendidos, ou seja, a sequência: modelo, exercitação guiada com ajuda contingente e reflexão sobre seu uso. Sequência que deve ser empregada tanto na aprendizagem de cada um dos procedimentos gerais das competências, quanto nos específicos de cada uma delas. Sequência de aprendizagem para os procedimentos:

- Interpretação/compreensão da situação-objeto de estudo em toda sua complexidade.
- Identificação dos problemas ou das questões que permitirão o enfrentamento de uma situação ou a ação eficiente diante da mesma.

▶ Identificação da informação relevante para a resolução das questões propostas.
▶ Revisão dos esquemas de atuação aprendidos que podem responder a cada uma das questões ou problemas propostos.
▶ Análise da informação disponível em função de cada um dos esquemas.
▶ Valorização das variáveis reais e sua incidência nos esquemas aprendidos.

Finalmente, devemos considerar que à sequência de aprendizagem para o procedimento específico da competência, é necessário acrescentar as atividades de aprendizagem para os fatos, os conceitos e as atitudes que a constituem; as atividades de memorização dos fatos, as atividades para a elaboração dos conceitos e as atividades para a interiorização das atitudes.

QUADRO 6.1 Fases de uma ação competente

Habilidades/Capacidades a Desenvolver no Uso de uma Competência		Tipo de Conteúdo
Análise de uma situação complexa.	▶ Interpretação/compreensão da situação em toda sua complexidade.	▶ Procedimental
	▶ Identificação dos problemas ou das questões que devem permitir enfrentar ou agir eficazmente.	▶ Procedimental
	▶ Identificação da informação relevante para o solucionamento das questões propostas.	▶ Procedimental
Identificação dos possíveis esquemas que podem responder aos problemas que a situação apresenta.	▶ Revisão dos esquemas de atuação aprendidos que podem responder a cada uma das questões ou problemas propostos.	▶ Procedimental
	▶ Análise da informação disponível em função de cada um dos esquemas.	▶ Procedimental
Seleção dos esquemas e disposição para aplicá-los de modo estratégico.	▶ Valorização das variáveis reais e sua incidência nos esquemas aprendidos.	
	▶ Utilização do esquema com as mudanças necessárias para se adequar à situação real.	▶ Procedimental
Conhecimento, domínio e transferência de cada um dos componentes da competência.	▶ Aplicação da competência de forma adequada e integrada aos fatos, aos conceitos, aos procedimentos e às atitudes que constituem a competência.	▶ Procedimental
		▶ Factual
		▶ Conceitual
		▶ Procedimental
		▶ Atitudinal

NA PRÁTICA

Construção de uma embarcação[1]

A seguir, vamos exemplificar uma situação-problema proposta aos alunos de Ensino Médio e na qual podemos apreciar de que forma sua resolução implica a aprendizagem de um conjunto de competências nas quais a capacidade de compreensão dos problemas que uma situação apresenta e os diferentes passos que devem ser empregados em sua resolução, implicam o domínio de procedimentos que são recorrentes em toda atuação competente. Ao mesmo tempo, podemos verificar que os conteúdos, sejam conceituais, atitudinais ou conceituais, não poderão ser aplicados se não foram aprendidos de forma funcional.

Um centro de pesquisa marinha recebeu um encargo para determinar as características dos bancos de peixes que vivem nos recifes de coral de determinadas ilhas caribenhas. Para realizar o estudo, a equipe científica que se dirige à zona deverá navegar nela em uma embarcação construída em função das exigências do meio, da investigação e do trabalho que será realizado.

Existem 10 espécies que estão em perigo real de extinção devido à contaminação, e se pretende que a embarcação possa navegar de maneira autônoma o maior tempo possível sem a necessidade de utilizar os motores de gasolina, pois terá de passar muito tempo nessas águas. Pretende-se que o impacto ecológico que possa se causar nos recifes observados seja o menor possível.

A embarcação terá oito tripulantes, dois deles realizarão trabalhos de manutenção do barco, cinco são cientistas e biólogos marinhos e, por último, o capitão.

Encomendou-se o barco ao estaleiro Mar Celino, indicando-se o uso que se dará à embarcação.

O barco estará, na maioria do tempo, em águas pouco profundas, mas também terá de navegar em mar aberto sem nenhum tipo de complicação. O recurso disponível é limitado, portanto a escolha das características da embarcação deverá ser aquela que tenha o menor custo possível.

Uma vez analisadas todas as condições que a embarcação deve ter, decidiu-se construir um veleiro de 11 metros da proa até a popa.

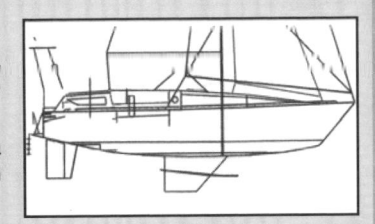

(continua)

---

[1] Situação-problema elaborada pelo professor Josué Barcia para alunos do Ensino Médio.

> (*Continuação*)
>
> O primeiro impedimento que se apresenta na construção do navio é que para manter a embarcação em posição vertical durante a navegação, calculou-se a necessidade de um lastro de 2.100 kg localizado por baixo do fundo da embarcação, tal como mostrado na figura.
>
> Decidiu-se utilizar ferro porque, embora tenha menor densidade que o chumbo, será mais barato. A oferta mais econômica entre as recebidas de diferentes distribuidores de ferro é um conjunto de varas cilíndricas de 16 mm de diâmetro, mas apresenta o seguinte problema: o fato de utilizar varas cilíndricas faz com que, entre algumas varas, perca-se espaço, de maneira que será necessário calcular o volume ocupado pelas varas de ferro e o volume ocupado pelo ar, considerando que as varas devem estar em contato umas com as outras para evitar deslocamentos.

Para intervir nessa situação de forma eficiente, será necessário realizar uma série de passos complexos, tal qual mostra o quadro abaixo.

Análise de Uma Situação Complexa	
Interpretação/compreensão da situação em toda sua complexidade.	A construção de uma embarcação com finalidades científicas obriga o estaleiro a realizar uma análise na qual estão envolvidas diversas variáveis. Para dar uma solução adequada, será imprescindível considerar de forma combinada todos os fatores e variáveis que devem intervir na decisão.
Identificação dos problemas ou das questões que permitirão o enfrentamento ou a atuação eficaz.	Uma vez realizada a análise global, será necessário identificar uma a uma todas as questões que sucessivamente deverão ser consideradas: dimensões, materiais, capacidade, força motriz, etc.
Identificação da informação relevante para a resolução das questões propostas.	Para poder decidir, será necessário requerer os dados e as condições suficientes e imprescindíveis para cada um dos problemas identificados: orçamento e custos, características da zona de pesca, número de tripulantes, trabalho que será realizado, duração, etc.
Identificação dos Possíveis Esquemas que Podem Responder aos Problemas que a Situação Apresenta	
Revisão dos esquemas de atuação aprendidos que podem res-	Para cada um dos problemas será necessário recorrer ao conhecimento disponível sobre as diferentes soluções possíveis. No caso do lastro, será necessário revisar o

(*continua*)

(Continuação)

ponder a cada uma das questões ou problemas propostos. Análise da informação disponível em função de cada um dos esquemas.	conhecimento dos volumes de formas geométricas diferentes, praticamente dos cilindros, da distribuição no espaço, do cálculo de volumes, etc. Para cada um dos esquemas de atuação revisados será necessário comprovar sua adequação em função dos dados disponíveis: volume do lastro, diâmetro das varas, fórmulas de cálculo, etc.
Seleção e Disposição dos Esquemas para Aplicá-los de Forma Estratégica	
Valorização das variáveis reais e sua incidência nos esquemas aprendidos.	Da contraposição entre os esquemas de atuação conhecidos e os dados dos que se dispõe, serão selecionados aqueles que se considerem adequados: desenhar um quadrado de 10 cm de altura e em seu interior o máximo número de círculos completos ou frações de círculo de 16 mm de diâmetro; calcular a superfície de um dos círculos; calcular a superfície que ocupam todos os círculos e a do espaço vazio no dm^2 desenhado anteriormente, e expressar por meio de porcentagem a relação existente entre a superfície ocupada pelos círculos e a superfície total do quadrado.
Utilização do esquema selecionado com as mudanças necessárias para se adequar à situação real.	A aplicação dos esquemas de atuação selecionados será realizada de forma suficientemente flexível com vistas a permitir a adaptação às possíveis variações do contexto.
Conhecimento, Domínio e Transferência de Cada um dos Componentes da Competência	
Aplicação da competência de forma integrada e adequada aos fatos, aos conceitos, aos procedimentos e às atitudes que compõem a competência.	As soluções adotadas para cada um dos problemas serão possíveis se todos e cada um dos diferentes componentes do esquema de articulação foram dominados. É como ocorre na solução do lastro, qualquer erro por desconhecimento ou falta de rigor em sua aplicação impedirá que o resultado seja acertado.

Ensinar competências significa partir de situações e problemas reais

7

Ensinar competências significa utilizar formas de ensino consistentes para responder a situações, conflitos e problemas próximos da realidade, em um complexo processo de construção pessoal com exercitações de progressiva dificuldade e ajudas contingentes conforme as características diferenciais dos alunos.

As competências podem ser ensinadas ou apenas podem ser desenvolvidas?

Devido ao caráter essencialmente contextual das competências, existe um debate teórico sobre a possibilidade de que as competências não possam ser ensinadas, mas somente desenvolvidas. De forma breve, o argumento teórico considera que, dado que as competências são aplicadas em situações reais, em um momento determinado e em condições que por natureza sempre são distintas, é impossível determinar de antemão seu ensino. Argumento ao qual se une, em alguns casos, uma concepção ainda relativamente vigente no âmbito empresarial, que associa o termo "ensino" a uma de suas formas. Isto é, ao modelo transmissivo, expositivo ou reprodutor, e, dado o caráter fortemente procedimental e atitudinal das competências, para as quais esse modelo é inválido, conclui com a impossibilidade de que as competências possam ser "ensinadas". Ambos os raciocínios são os que propiciam a ideia de que as competências somente podem ser desenvolvidas. Entretanto, este debate é irrelevante para as intenções deste livro.

A partir da concepção, amplamente compartilhada, do papel do ensino que expomos ao longo dos capítulos anteriores, entendemos que todo projeto de ensino significa uma intencionalidade que fixa seus resultados em uma aplicação futura e que, por isso, é imprevisível. Educa-se com uma finalidade que não é imediata, mas que tem o propósito de que o que agora é ensinado e aprendido em um contexto escolar possa ser utilizado, no momento certo, na realidade, na ocasião em que esses conhecimentos, habilidades ou atitudes aprendidas se façam necessárias e, portanto, nunca serão empregadas tal como foram ensinadas em aula. De modo definitivo, estamos falando de uma circunstância que foi comum ao longo de toda a história da educação. Sempre que na vida cotidiana intervimos e resolvemos os problemas que ela nos apresenta, estamos atuando de forma competente. Agir dessa forma implica utilizar competências que nunca nos foram ensinadas como competências, mas das quais aprendemos, ainda que separadamente, seus componentes conceituais, procedimentais e atitudinais, na maioria dos casos, desligados de necessidades e situações mais ou menos reais. Todavia, muitas vezes somos capazes de converter aquelas aprendizagens descontextualizadas em ações mais ou menos competentes.

Ao propormos o ensino de competências, o que estamos tentando é facilitar a capacidade de transferir aprendizagens, que geralmente foram apresentadas descontextualizadas, a situações próximas à realidade; o que representa uma redefinição do objeto de estudo da escola. Aquilo que será ensinado não será um conjunto de conteúdos organizados em função da lógica de disciplinas acadêmicas, mas sim que sua seleção, apresentação e organização se realizarão conforme a potencialidade de responder a situações ou necessidades "reais".

Optar por uma educação de competências representa a busca por estratégias de ensino que definam seu objeto de estudo na forma de responder satisfatoriamente a "situações reais" e, portanto, complexas. Dado que essas "situações reais" nunca serão aquelas nas quais o aluno irá se encontrar na realidade, poderíamos aceitar, em todo o caso, que estas competências, as do futuro, não podem ser ensinadas, mas sim seus esquemas de atuação e sua seleção e prática em distintos contextos generalizados.

Critérios para ensinar competências

> As características essenciais do ensino de competências são: sua relevância, a complexidade da situação na qual devem ser utilizadas, seu caráter procedimental e o fato de estarem constituídas por uma combinação integrada de componentes que são aprendidos a partir de sua funcionalidade.

Aceitando a concepção da educação aqui defendida e o caráter prospectivo das competências, podemos identificar os critérios de ensino deduzidos da análise de uma atuação competente e do conhecimento de que dispomos sobre a forma em que são apresentados os distintos componentes mobilizados nesse processo.

Da revisão realizada no Capítulo 6, podemos extrair várias ideias que nos permitem determinar as características essenciais do ensino de competências:

- Sua relevância.
- A complexidade da situação na qual devem ser utilizadas.
- Seu caráter procedimental.
- O fato de estarem constituídas por uma combinação integrada de componentes que são aprendidos a partir de sua funcionalidade e de modo distinto.

Critérios relacionados ao significado

Da compreensão do profundo grau de relevância que devem ter as aprendizagens das competências, deduz-se uma série de condições que a sequência de atividades de ensino deve cumprir. Assim, podemos nos perguntar se, nessa sequência, existem as seguintes atividades que:

- Nos permitem determinar os conhecimentos prévios que cada aluno tem em relação aos novos conteúdos de aprendizagem.
- Os conteúdos sejam propostos de forma que sejam significativos e funcionais para os alunos.
- Nos permitam entender sua adequação ao nível de desenvolvimento de cada aluno.
- Representem um desafio realizável para o aluno, ou seja, que considerem suas competências atuais e os façam avançar com a ajuda necessária; por conseguinte, atividades que permitam criar e intervir nas zonas de desenvolvimento proximal.
- Provoquem um conflito cognitivo e promovam a atividade mental do aluno necessária para estabelecer relações entre os novos conteúdos e as competências prévias.
- Fomentem uma atitude favorável, ou seja, que sejam motivadoras, em relação à aprendizagem de novos conteúdos.
- Estimulem a autoestima e o autoconceito em relação às aprendizagens propostas, quer dizer, que os alunos possam sentir que, em certa medida, aprenderam, que seus esforços valeram a pena.
- Auxiliem os alunos a adquirem habilidades relacionadas ao aprender a aprender, que os permitam ser cada vez mais autônomos em suas aprendizagens.

Para obter o profundo grau de relevância necessário na aprendizagem das competências, a sequência de atividades de ensino deve: permitir determinar os conhecimentos prévios que cada aluno tem em relação aos novos conteúdos de aprendizagem, ser adequada ao nível de desenvolvimento de cada aluno, fomentar atitudes favoráveis.

Critérios relacionados à complexidade

As competências, por mais específicas que sejam, como vimos até aqui, sempre se desenvolvem em um processo constituído por diferentes fases nas quais, em nenhum caso, a resposta é simples e para as quais se exige uma ação estratégica. O ensino tradicional foi estruturado em torno de disciplinas isoladas, e estas, por sua vez, em corpos teóricos

> O conhecimento disciplinar é imprescindível para a compreensão da realidade sempre e quando se assume que a aplicação de um conhecimento parcial da realidade não chegará a constituir uma ação competente se não se aprendeu a intervir em situações da "realidade global", cuja essência é a complexidade.

cada vez mais segmentados. A escola, a reboque de uma ciência parcializada, "simplificou" a realidade convertendo em objeto de estudo os meios para seu conhecimento, pretendendo que o aluno realize por si só o que o saber estabelecido não soube resolver, ou seja, a abordagem da realidade em toda a sua complexidade.

Como veremos no Capítulo 8, o conhecimento disciplinar, apesar de seu reducionismo, é imprescindível à compreensão da realidade, mas sempre quando se assume a aplicação de um conhecimento parcial da realidade não se chega a constituir uma ação competente se não se aprendeu a intervir em situações da "realidade global", cuja essência é a complexidade. De tal modo que a complexidade não seja apenas uma circunstância na qual se desenvolvam as aprendizagens, mas também que esta seja objeto prioritário de ensino. Deve-se aprender a agir na complexidade, ou seja, saber responder a problemas e situações os quais nunca na vida real serão apresentadas de forma simples e, muito menos, nas quais o número de variáveis que nela intervêm sejam reduzidas a partir de situações expressadas unicamente com os dados necessários para uma resposta esteriotipada a problemas também esteriotipados.

Assim, uma atuação competente significa não só conhecer os instrumentos conceituais e as técnicas disciplinares, mas também ser capaz de reconhecer quais deles são necessários para ser eficiente em situações complexas, e ao mesmo tempo saber como aplicá-los em função das características específicas da situação. Atuação que exige um **pensamento complexo** e, consequentemente, um ensino dirigido à formação para a complexidade.

> Uma atuação competente significa, sobretudo, ser capaz de reconhecer quais os instrumentos conceituais, quais as técnicas e quais as atitudes são necessárias para ser eficientes em situações complexas, e saber aplicá-los corretamente em cada ocasião.

Um dos princípios fundamentais do ensino das competências é o de ensinar a "ler" situações próximas da realidade a partir de sua complexidade e, portanto, aprender a saber interpretar na complexidade. Isso implica que a realidade objeto de estudo não seja simplificada e que, em consequência, apresente-se com o maior número de variáveis permitidas pelas capacidades dos alunos; de modo que as unidades de programação, didáticas ou temáticas, estruturem seus conteúdos de aprendizagem em função de uma realidade mais ou menos próxima do aluno e nas quais sejam contemplados todos os fatores que nela intervêm. Um ensino baseado na análise reiterada de situações múltiplas e diversas, e na sistematização das diferentes fases que constituem uma atuação competente a partir de um pensamento complexo.

O pensamento complexo para a identificação de problemas ou questões que deverão permitir o enfrentamento ou a atuação eficaz; o pensamento complexo para a identificação da informação relevante com o fim de resolver as questões propostas; o pensamento complexo para a seleção do esquema de atuação mais apropriado, e o pensamento complexo para ser aplicado de forma adaptada às características singulares da situação apresentada.

Critérios relacionados ao seu caráter procedimental

Como vimos, qualquer ação competente implica um "saber fazer" no qual é necessário o domínio de sucessivas habilidades. Podemos dizer que é um procedimento de procedimentos ao constatar que é um processo no qual é necessário dominar habilidades prévias de interpretação/compreensão da situação objeto de estudo em toda sua complexidade: identificação dos procedimentos ou questões que propõem uma intervenção eficaz; reconhecimento da informação relevante para a resolução das questões propostas; revisão dos esquemas de atuação aprendidos que podem responder a cada uma das questões ou problemas apresentados; análise da informação disponível em função de cada um dos esquemas; valorização das variáveis reais e sua incidência nos esquemas aprendidos; e finalmente aplicação do esquema de atuação de forma adequada e integrando os fatos, os conceitos, os procedimentos e as atitudes que integram a competência.

> Qualquer ação competente é um procedimento de procedimentos.

Esse caráter de procedimento de procedimentos nos obriga a prestar especial atenção às características de sua aprendizagem e, a partir delas, identificar os critérios para seu ensino, de modo que, para cada uma das habilidades, as prévias à aplicação da competência sejam aquelas que são inerentes. Será necessário estabelecer uma sequência de atividades de ensino-aprendizagem que cumpram as seguintes orientações:

- As atividades devem partir de situações significativas e funcionais, com vistas a que o procedimento possa ser aprendido com a capacidade de utilização quando necessário.
- A sequência deve contemplar atividades que incluam os modelos de desenvolvimento do conteúdo de

aprendizagem. Modelos que mostrem todo o processo, apresentem uma visão completa das diferentes fases, passos ou ações que os compõem, para passar posteriormente, se a complexidade dos modelos assim o requerer, ao trabalho sistemático das diferentes ações que os compreendem, bem como insistir sobre eles em diferentes situações e contextos, sempre que convenha.

▸ Para que a ação educacional seja o mais benéfica possível, é necessário que as atividades de ensino-aprendizagem se ajustem ao máximo a uma sequência clara com uma ordem de atividades que seja um processo gradual.

▸ As atividades com ajudas de diferentes graus e prática guiada são requeridas. A ordem e o progresso das sequências de ensino-aprendizagem, no caso dos conteúdos procedimentais, estarão determinados, a maioria das vezes, pelas características das ajudas fornecidas ao longo da aplicação do conteúdo.

▸ As atividades de trabalho independente. Essa orientação está relacionada ao que comentávamos em relação ao ponto anterior, o ensino de conteúdos procedimentais exige que os alunos tenham a oportunidade de concluir realizações independentes nas quais possam demonstrar sua competência no domínio do conteúdo aprendido.

Critérios relacionados ao estar constituídos por componentes de tipologia diferenciada

Para aplicar o esquema de atuação é necessário ter aprendido, de forma parcial e integrada, seus componentes.

O processo de uma ação competente, como vimos, implica o domínio de habilidades prévias à aplicação estratégica do esquema de atuação selecionado. Para essa aplicação é necessário ter aprendido, de forma parcial e integrada, os componentes do esquema de atuação. Dado que a aprendizagem de cada um deles tem características claramente diferenciadas, é necessário que, sem perder seu sentido integrado, sejam realizadas atividades de ensino adequadas às características desses componentes. Uma vez analisado o processo de ensino dos componentes procedimentais, revisaremos o resto.

Para os conteúdos factuais, a chave será utilizar exercícios de repetição e, dependendo da quantidade e da complexidade da informação que deve ser aprendida, utilizar organizações significativas e associações, tanto entre os novos conhecimentos quanto entre os conhecimentos prévios e os novos. Para os *conceitos e princípios*, serão exigidas as condições expostas no capítulo sobre a relevância com o fim de conseguir que os alunos compreendam seu significado. Finalmente, para ensinar as *atitudes*, os professores deverão se converter em um modelo coerente para os alunos, de forma que este *viva* as atitudes tanto na organização da aula quanto na forma de se agrupar, nas relações interpessoais e nas normas de comportamento, etc. Tudo isso relacionado à *reflexão* e aos *compromissos* para com o cumprimento das normas estabelecidas, por meio de um processo de análise de situações de conflito nas quais seja possível agir de diferentes maneiras.

O ensino das competências: a antítese do ensino tradicional

A dificuldade no ensino das competências deve-se não somente a sua complexidade inerente às fases e aos componentes de uma ação competente, mas também especialmente pela forma de ensiná-las, pois implica atividades muito distantes da tradição escolar. A impossibilidade de que uma competência seja aprendida de forma não-significativa representa a inclusão de uma série de condições que não são habituais nos modelos herdados de ensino. Uma tradição baseada na transmissão verbal e na reprodução, mais ou menos literal, do aprendido em provas convencionais não ajuda, de nenhuma maneira, a proceder sob critérios nos quais as características diferenciais de cada um dos alunos são as peças-chave para a aprendizagem das competências. Dessa forma, ter como ponto de partida os conhecimentos prévios, considerar as motivações e interesses pessoais, oferecer desafios e ajuda conforme as reais possibilidades de cada um dos alunos, avaliar considerando o papel da autoestima com vistas a poder seguir motivado para o estudo, etc., não fazem parte do saber fazer da maioria dos profissionais do ensino.

Entretanto, devemos acrescentar os outros dois fatores-chave, o da complexidade e o do caráter procedimental das competências. A escola herdada é uma escola baseada no *saber*, em um conhecimento acadêmico desligado, a maioria das vezes, de sua função. Aprende-se fórmulas, tabelas, princípios, conceitos, algoritmos, etc., dos quais o que mais

É necessário que se realizem atividades adequadas às características dos diferentes componentes.

Aprende-se fazendo, fato que significa uma organização complexa da aula, com uma grande participação dos alunos, e que os diferentes ritmos de aprendizagem se façam extraordinariamente visíveis.

se valoriza é a capacidade de reprodução, mas não de aplicação. "Sabemos" a Lei de Ohm, mas somos incapazes de interpretar o simples circuito elétrico de uma lanterna. "Sabemos" o princípio de Arquimedes, mas nos custa relacioná-lo ao que ocorre quando estamos submersos em uma piscina. "Sabemos" o que é um sintagma nominal, mas não sabemos utilizá-lo para melhorar uma frase escrita. "Sabemos" resolver uma equação de segundo grau sem saber o que ela representa. Enfim, sabemos muito e somos incapazes de utilizar o que sabemos para resolver situações nas quais os conhecimentos que temos poderiam ser muito valiosos. Como vimos até aqui, ensinar competências implica saber intervir em situações reais que, por serem reais, sempre serão complexas. O ensino para a complexidade segue sendo estranho em uma escola baseada em modelos de aproximação à realidade extremamente simplificados. Além disso, o caráter procedimental das competências, ou seja, o saber fazer, implica, inevitavelmente, um saber e uma atitude. Aprende-se fazendo, fato que representa uma organização complexa da aula, com uma grande participação dos alunos, e que os diferentes ritmos de aprendizagem se façam, extraordinariamente visíveis.

NA PRÁTICA

Futebol, jogadas ensaiadas e esquemas de atuação

As estratégias de treinamento em muitos esportes de equipe podem nos ser úteis para compreender as ideias gerais sobre como deve ser o ensino de competências e o papel que nela tem os esquemas de atuação. Se, por exemplo, nos fixarmos no futebol, seus jogadores são selecionados e preparados para serem competentes nas partidas oficiais. Embora, evidentemente, seja impossível reproduzir com exatidão as situações de competência com as quais se é possível deparar em cada partida, não se desiste de estabelecer um plano para sua aprendizagem.

De forma simplificada, podemos verificar as medidas utilizadas. Em primeiro lugar, conforme a posição que o jogador ocupa na equipe, exercita-se em ações consideradas apropriadas para a posição e em função da estratégia geral da equipe. O jogador realizará "jogadas modelo" ou "jogadas ensaiadas", ou seja, o que temos chamado "esquemas de atuação", para cada uma das ações previstas em suas funções defensivas ou de ataque. Por exemplo, no caso de um lateral, treinará diferentes ações relativas à sua posição, entre elas o esquema de atuação consistente em: uma vez recuperada a bola, avançar com ela pela lateral, prevendo as entradas dos adversários para, uma vez na área da equipe rival, cruzar com vistas a que algum de seus colegas possa chutar a bola. Se esta é uma das ações nas quais tem de ser competente, o treinador lhe apresentará diferentes exercícios de simulação nos quais deverá realizar todo o processo, desde a recuperação da bola na defesa até seu lançamento na área do adversário, sendo este todo o esquema de atuação. No entanto, para dominar os esquemas de atuação não tem somente de se exercitar em todo o esquema, como também, previa ou simultaneamente, terá que ter aprendido as diferentes ações e os componentes que os constituem: os conhecimentos, as habilidades e as atitudes inerentes a saber deter a bola com precisão, a avançar com ela, a prever as investidas dos jogadores adversários e a cruzar a bola. O treinamento não consistirá somente em repetir a sequência inteira do esquema de atuação, mas também em se exercitar de modo separado em cada um de seus componentes tantas vezes quanto for necessário.

Todavia, além disso, para poder ser competente, o uso desse esquema de atuação deverá ser estratégico, a jogada prevista não deverá realizar-se de modo mecânico tal qual ensaiada, mas sim, em função das circunstâncias reais, deverá ser aplicada de forma flexível adequando-a as mesmas. De tal modo que quando a defesa recuperar a bola em sua área, a primeira coisa que deverá fazer é selecionar, entre os diferentes esquemas de atuação possíveis os quais aprendeu e domina, o mais apropriado para essa circunstância. Uma vez identificado o esquema de atuação, deverá seguir a estratégia aprendida, mas aplicando-a de acordo com as possibilidades que o time adversário lhe permitir, reinterpretando o esquema com as devidas acomodações.

Na escola se ensina a ser competente quando se recria uma situação-problema real a qual deverá ser enfrentada pelo aluno no futuro e, da mesma forma que em uma partida de futebol, "jogadas modelo", ou seja, esquemas de atuação para essa situação. Apesar de não podermos colocar os alunos diante de situações reais, podemos recriá-las da forma mais fiel possível à realidade. Para aprender competências, portanto, embora não possamos ensinar em contextos reais, a maior parte das vezes deveremos ensinar por meio de diferentes situações-problema, as quais sirvam como modelo e que permitam treinar os esquemas de atuação específicos para cada uma delas.

No entanto, para dominar esse esquema de atuação será necessário estabelecer estratégias de ensino específicas para cada um de seus componentes conceituais, procedimentais e atitudinais, às vezes de forma sistemática e, sempre que possível, de forma inter-relacionada, apesar de que, muitas vezes, será necessário fazê-lo separadamente para garantir seu domínio. O esquema de atuação da competência deverá ser ensinado para que seja aplicada de forma estratégica, em função das novas variáveis que a situação real objeto de estudo apresente. Portanto, deverá se ensinar a analisar as variáveis que condicionarão o uso de um esquema ou outro. Este será, também, outro dos objetivos principais de um ensino de competências.

As disciplinas não são suficientes para aprender competências

8

A análise das competências nos permite concluir que sua fundamentação não pode ser reduzida ao conhecimento que os distintos saberes científicos trazem, o que implica realizar uma abordagem educacional que considere o caráter metadisciplinar de uma grande parte de seus componentes.

Fundamentação teórica das competências e seus componentes

Uma vez identificadas as competências que serão objeto da educação, analisadas a sua aprendizagem e os critérios para seu ensino, é necessário, para poder iniciar o processo de planejamento pedagógico, conhecer minuciosamente sua consistência. No entanto, além de suas características gerais, o conhecimento existente é muito limitado. O problema é grave, pois não existe uma ciência que tenha as competências como objeto de estudo. Portanto, poderíamos chegar à conclusão de que dificilmente possa ser desenvolvido um processo de ensino sobre algo sem dispor de uma informação segura a qual permita identificar rigorosamente os passos desse processo.

Pode-se ensinar competências se não existe nenhuma ciência que as tenha estudado? A resposta seria negativa se não fosse porque o domínio de uma competência passa pelo domínio, se bem integrado, dos componentes que a constituem. Embora não exista uma ciência que estude, obrigatoriamente, as competências, dispomos de um saber confiável para muitos de seus componentes. Entretanto, devemos nos perguntar se esta capacidade de identificar os componentes das competências, que nos permite reconhecer seu procedimento disciplinar, é suficiente para determinar as características do planejamento curricular e, sobretudo, para organizar e apresentar os conteúdos de aprendizagem em um sistema de desenvolvimento de competências.

O caráter disciplinar, interdisciplinar e metadisciplinar dos componentes das competências

O conhecimento sobre as características dos componentes de cada competência nos permite extrair a informação que nos facilita a formulação de estra-

> Alguns conteúdos têm procedimentos claramente disciplinares, outros dependem de uma ou mais disciplinas (interdisciplinares) e outros não estão sustentados por nenhuma disciplina acadêmica (metadisciplinares).

tégias de ensino e aprendizagem para cada um dos componentes separadamente, e o modo de integrá-las, para que possibilitem o desenvolvimento dessa competência. Portanto, será necessário realizar uma análise de quais são os procedimentos teóricos que fundamentam esses componentes.

A análise que vamos realizar, como exemplo, é sobre as competências gerais definidas no Capítulo 5 nas dimensões social, interpessoal, pessoal e profissional. A tarefa consistirá em identificar, para cada uma das competências gerais, a disciplina científica a qual os conteúdos de aprendizagem, de que delas derivam, pertencem. Assim, poderemos ver de que forma alguns conteúdos têm um procedimento claramente disciplinar, outros dependem de uma ou mais disciplinas (*interdisciplinares*) e outros não estão sustentados por nenhuma disciplina acadêmica (*metadisciplinares*).

Dimensão social

> A análise sobre o procedimento disciplinar dos distintos componentes da competência nos permite verificar de que forma boa parte deles tem apoio em algum saber científico e outros não.

A análise sobre o procedimento disciplinar dos diferentes componentes da competência (Quadro 8.1) nos permite verificar de que forma boa parte deles encontra apoio em algum saber científico, mas para seu conhecimento não são suficientes as contribuições dessa disciplina, sendo necessários, no entanto, outros saberes os quais dependem ao mesmo tempo de duas ou mais disciplinas, como ocorre no caso da *transformação da sociedade* e sua *compreensão*. No extremo oposto, encontramos componentes da competência para os quais não existe nenhuma matéria científica que traga conhecimento suficiente e rigoroso, como ocorre no caso do conceito de *participação ativa*, o qual pode ser pertencer ao âmbito da sociologia, mas não na acepção atitudinal depreendida do enunciado, bem como a noção de *responsabilidade*. Também podemos verificar que para muitos aspectos ou facetas dos outros componentes não existe um saber científico que as sustentem, ou seja, são claramente metadisciplinares ou as compartilham duas ou mais disciplinas (interdisciplinares), como é o caso da ideia de *valorização e intervenção na sociedade*. O restante dos componentes dessa competência necessita ao mesmo tempo, para o conhecimento de suas distintas acepções, do apoio de ideais que provêm de alguma disciplina, de outras que dependem de mais de uma disciplina e, ainda, de outras que não dispõem de uma ciência que as tenha estudado de forma suficiente, neste caso estariam as noções de *intervenção crítica* e os princípios de *justiça, solidariedade e democracia*.

QUADRO 8.1

Competência	Procedimento Epistemológico		
Participar ativamente			Metadisciplinar
na transformação da sociedade,	Disciplinar	Interdisciplinar	
o que significa compreendê-la,	Disciplinar	Interdisciplinar	
valorizá-la		Interdisciplinar	Metadisciplinar
e nela intervir,		Interdisciplinar	Metadisciplinar
de maneira crítica	Disciplinar	Interdisciplina	Metadisciplinar
e responsável,			Metadisciplinar
com vistas a que seja cada vez mais justa	Disciplinar	Interdisciplinar	Metadisciplinar
solidária,	Disciplinar	Interdisciplinar	Metadisciplinar
e democrática.	Disciplinar	Interdisciplinar	Metadisciplinar

Dimensão interpessoal

Uma visão global do Quadro 8.2 nos permite verificar que o conhecimento que apoia os diversos componentes da competência na dimensão interpessoal é fundamentalmente metadisciplinar. A maioria não dispõe de um procedimento científico para sua compreensão, como ocorre no caso dos conceitos de *relação e vida positiva, cooperação, participação, tolerância* e *solidariedade*. Somente dois dos componentes dispõem, em algum de seus significados, de sustentação disciplinar e interdisciplinar, caso da referência a *todas as atividades humanas* e o princípio da *compreensão*.

O conhecimento que apoia os componentes da competência na dimensão interpessoal é fundamentalmente metadisciplinar.

Dimensão pessoal

A competência pessoal é também marcada pela falta de conhecimento em alguns significados de seus componentes. No Quadro 8.3 vemos que para o exercício competente nesta dimensão é necessário o domínio de muitos aspectos para os quais a sustentação teórica é muito fraca ou inexistente, como ocorre no caso das ideias de *responsabilidade, ca-*

Para o exercício competente da dimensão pessoal é necessário o domínio de muitos aspectos para os quais a sustentação teórica é muito fraca ou inexistente.

QUADRO 8.2

Competência	Procedimento Epistemológico		
Relacionar-se e viver positivamente			Metadisciplinar
cooperando			Metadisciplinar
e participando			Metadisciplinar
em todas as atividades humanas	Disciplinar	Interdisciplinar	Metadisciplinar
desde a compreensão	Disciplinar	Interdisciplinar	Metadisciplinar
até a tolerância,			Metadisciplinar
e a solidariedade.			Metadisciplinar

QUADRO 8.3

Competência	Procedimento Epistemológico		
Exercer responsavelmente			Metadisciplinar
e criticamente			Metadisciplinar
a autonomia,			Metadisciplinar
a cooperação,			Metadisciplinar
a criatividade	Disciplinar	Interdisciplinar	Metadisciplinar
e a liberdade			Metadisciplinar
por meio do conhecimento	Disciplinar	Interdisciplinar	Metadisciplinar
e da cooperação de si mesmo,	Disciplinar	Interdisciplinar	Metadisciplinar
das demais pessoas,	Disciplinar	Interdisciplinar	Metadisciplinar
da sociedade	Disciplinar	Interdisciplina	Metadisciplinar
e do mundo no qual se vive	Disciplinar	Interdisciplinar	Metadisciplinar

pacidade crítica, autonomia, cooperação e liberdade. Por outro lado, podemos verificar que o restante dos componentes, além de incluir algumas acepções sem fundamentação teórica, para alguns significados existem apoios epistemológicos em uma disciplina, e, para outros, um conhecimento oriundo de duas ou mais disciplinas.

Dimensão profissional

Apesar de que essa dimensão supostamente possa ter um claro procedimento em áreas do conhecimento manifestadamente formalizadas, se analisamos em detalhe o exercício profissional em contextos reais, veremos que será necessário o conhecimento e o domínio de muitos saberes e habilidades que não são objeto de estudo metódico por parte de nenhuma disciplina, como é o caso dos conceitos *de forma responsável e flexível ou de maneira que permitam satisfazer as motivações*. Por meio dessa análise também veremos que para outros componentes dessa competência o saber disciplinar ou interdisciplinar é insuficiente, como ocorre no caso da ideia de *expectativas de desenvolvimento profissional* e da referência aos *conhecimentos, habilidades e atitudes em todas as tarefas* (Quadro 8.4).

A análise dessas competências gerais nos leva à conclusão de que para realizar o processo de ensino e aprendizagem é necessário buscar o apoio de saberes que terão diferentes graus de desenvolvimento científico, e de muitos outros conteúdos que são extremamente relevantes na formação para a vida, mas que não sustentam em nenhuma disciplina estável. Essa preponderância do saber metadisciplinar sobre as competências descritas ainda é superior em algumas das competências revisadas no Capítulo 5. Qual é o procedimento teórico das competências "saber conviver" ou "saber ser" de Delors, e "saber pensar e aprender" ou "saber empreender" do Currículo Basco?

Na Figura 8.1 podemos ver de que maneira se materializa a análise realizada até o momento. Um exame mais profundo nos permitiria verificar, sobretudo quando as competências se materializam em ações mais específicas e em contextos reais, que seus componentes, especialmente os conceituais e procedimentais, dispõem de disciplinas muito precisas as quais sustentam: mecânica, biologia, fisiologia,

> Se analisamos o exercício profissional em contextos reais, veremos que são necessários o conhecimento e o domínio de muitas habilidades que não são objeto de estudo metódico por parte de nenhuma disciplina.

QUADRO 8.4

Competência	Procedimento Epistemológico		
Aplicar conhecimentos,	Disciplinar	Interdisciplinar	Metadisciplinar
habilidades	Disciplinar	Interdisciplinar	Metadisciplinar
e atitudes	Disciplinar	Interdisciplinar	Metadisciplinar
em todas as tarefas que um determinado posto de trabalho requer,	Disciplinar		Metadisciplinar
de forma responsável, flexível			Metadisciplinar
e rigorosa	Disciplinar		Metadisciplinar
e de maneira que permita que a pessoa satisfaça suas motivações	Disciplinar		Metadisciplinar
e expectativas de desenvolvimento profissional.			Metadisciplinar

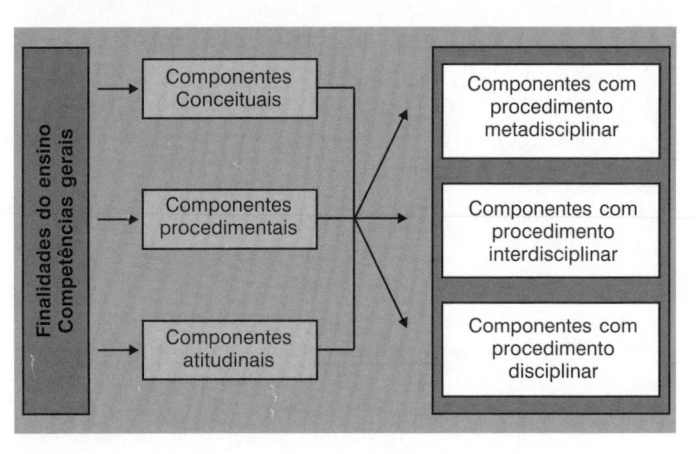

FIGURA 8.1 Procedimento disciplinar dos componentes das competências gerais.

linguística, economia, álgebra, antropologia, lógica, sociologia, etc. Mesmo assim, poderemos identificar de que maneira alguns componentes, sejam conceituais (densidade, erosão, porcentagem, medida, etc.), procedimentais (método de pesquisa, resolução de problemas, etc.) ou atitudinais (rigor, precisão, etc.) dependem de uma ou mais disciplinas. Por último, verificaremos que muitos componentes, especialmente os atitudinais, não têm nenhuma disciplina que forneça um conhecimento profundo e sistemático sobre suas características.

Essa análise apresenta o problema da organização e apresentação do currículo escolar, pois a grande disparidade de procedimentos científicos dos componentes das competências e a falta de apoio disciplinar de muitos deles dificulta enormemente a articulação de uma proposta que responda a uma definição da finalidade do ensino, sob critérios de formação integral da pessoa por competências, ou seja, não regida pela lógica dos saberes estabelecidos. O dilema consiste em optar por uma estrutura de currículo em torno de necessidades vitais de âmbito geral ou mais reais, como são as dimensões sociais, interpessoais, pessoais e profissionais, nelas situando todos os componentes disciplinares, interdisciplinares e metadisciplinares, ou eleger uma organização a partir do saber disciplinar, buscando soluções que impeçam o desaparecimento de todos os componentes metadisciplinares e muitos dos interdisciplinares.

> Quando as competências se materializam em ações mais específicas e em contextos reais, seus componentes podem dispor de disciplinas muito precisas as quais sustentam, depender de uma ou mais disciplinas ou não ter nenhuma que forneça um conhecimento profundo e sistemático sobre suas características.

> Deve-se buscar soluções na organização do currículo escolar que impeçam o desaparecimento dos componentes metadisciplinares e interdisciplinares.

Qual é o critério utilizado para organizar e apresentar os conteúdos de aprendizagem em um sistema de desenvolvimento de competências?

No processo de derivação a partir das decisões mais gerais às propostas concretas de ensino em sala de aula, é necessário dispor de formas de agrupamento dos conteúdos de aprendizagem, que permitam estabelecer passos que sejam metódicos. Até o momento, a apresentação das propostas de competências que revisamos é muito genérica para que se possa identificar os conteúdos de aprendizagem e sua sequenciação e distribuição temporal ao longo da escolarização. É preciso buscar uma forma de organização dos

> O agrupamento tradicional dos conteúdos em torno das disciplinas convencionais não pode responder ao desenvolvimento de competências para a vida se não for revisada e reformulada.

conteúdos de ensino e aprendizagem que permita uma intervenção pedagógica mais rigorosa. Este procedimento pressupõe profundas medidas de revisão e reformulação de suas características e seus sentidos. Se isso não ocorrer, dificilmente poderá ser o meio para um ensino que busque o desenvolvimento de competências para a vida.

Não é necessário fazer um grande esforço para perceber que um desenvolvimento curricular que partisse do agrupamento realizado nas quatro dimensões (social, interpessoal, pessoal e profissional) seria de difícil compreensão para a maioria dos integrantes do sistema escolar, para as famílias e para a sociedade em geral. O mesmo ocorreria se aplicássemos as outras formas de organização das competências revisadas anteriormente. A história escolar, a forma em que se ordena o saber científico e, especialmente, a formação e o pensamento da grande maioria dos professores estão baseados em uma visão de ensino compartimentado em matérias ou disciplinas estáveis no tempo: as matemáticas, a língua, a história, a geografia, as ciências naturais, etc. Evidentemente, como vimos nos capítulos anteriores, é uma forma de apresentar os conteúdos escolares conforme um ensino cuja finalidade fundamental é de caráter propedêutico, ou seja, subordinadas às exigências dos cursos universitários posteriores.

> Parece apropriado incorrer em um defeito formal por meio de uma distribuição por áreas ou campos disciplinares seguindo a tradição escolar e tentar consertá-lo, depois, com medidas corretoras.

Considerando essa realidade, é possível um desenvolvimento curricular que, apesar de sua lógica impecável, apresente-se em um formato que não corresponda ao pensamento dos professores e da maioria da sociedade? Certamente, a transformação de um sistema escolar baseado na formação em conhecimentos em outro sustentado no desenvolvimento de competências já é suficiente arriscada, no que se refere à introduzir fórmulas, que apesar de rigorosas, são muito distantes dos esquemas interpretativos de uma parte importante dos professores. Portanto, parece apropriado ou, ao menos, possibilita incorrer em um defeito formal, por meio de uma distribuição por áreas ou campos disciplinares seguindo a tradição escolar, e tentar consertá-lo, depois, com medidas corretivas.

As disciplinas tradicionais como recurso para a organização das áreas curriculares

Partamos da construção de áreas que abriguem todos os componentes das competências, sejam disciplinares, interdisciplinares ou metadisciplinares, em torno das matérias tradicionais, mas tomando medidas que corrijam os pontos fracos desse procedimento. Seguindo essa fórmula veremos de que maneira, por exemplo, alguns componentes claramente disciplinares podem ser situados ao redor de uma área que nomearemos "matemáticas". É o caso dos componentes cujo suporte consideramos correspondente à lógica, à geometria ou à álgebra. Neste passo já tomamos as duas primeiras medidas corretoras: uma é a de chamar esse âmbito organizacional com o nome de "área" e não de "disciplina" ou "matéria" para evidenciar, com isso, que não estamos nos referindo a nenhum saber científico de forma restrita, e a outra medida é a de considerar que seu nome é somente um título. Isso permite a comunicação e não representa à matemática, pois esta área não se configurou por meio da seleção de conteúdos sob critérios da ciência correspondente, mas sim por todos aqueles componentes matemáticos ou próximos às matemáticas que servem para desenvolver somente as competências previstas nas finalidades educacionais. Do mesmo modo que a área das matemáticas foi constituída pelo agrupamento de componentes de disciplinas afins, o restante das áreas ao redor das disciplinas tradicionais da escola será: a língua, as ciências sociais e naturais, etc. Dessa maneira disporemos de disciplinas diversas e que têm em comum o objetivo de desenvolver competências que não pertencem, em sentido estrito, a nenhuma disciplina científica. Uma vez definidas essas áreas, nelas situaremos não apenas os componentes mais disciplinares, mas também os interdisciplinares naquelas em que existe correspondência.

Até este ponto já resolvemos boa parte do problema, mas se nos detivermos na Figura 8.2, iremos nos deparar com uma grande quantidade de componentes que, pela lógica, ao não depender de disciplina alguma não será possível situá-los em nenhuma das áreas estabelecidas. São todos correspondentes ao âmbito metadisciplinar. Está claro que, até este momento, é fácil imaginar tanto as características dessas áreas quanto os professores que por elas devem se responsabilizar. O problema que agora nós propomos é o que fazer com todos os componentes sem suporte disciplinar, que além disso, como verificamos, são essenciais para o desenvolvimento das competências prescritas nas finalidades do ensino. A resposta será encontrada no próximo capítulo.

> O ponto de partida é a construção de áreas que abriguem todos os componentes das competências, sejam disciplinares, interdisciplinares ou metadisciplinares, em torno das matérias tradicionais, mas tomando medidas que corrijam os pontos fracos desse procedimento.

> Os componentes correspondentes ao âmbito metadisciplinar, ao não depender de disciplina alguma, não podem ser situados em nenhuma das áreas estabelecidas.

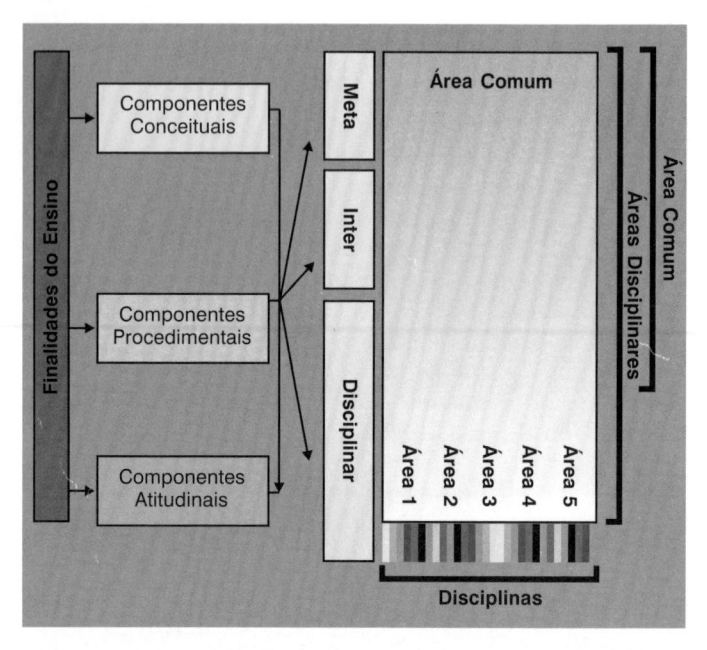

FIGURA 8.2 Geração da área comum e das áreas disciplinares.

NA PRÁTICA

Contribuição das disciplinas para o desenvolvimento de competências

Retomando a análise realizada acerca das competências utilizadas como exemplificação ao longo deste capítulo, poderemos completá-lo realizando uma distribuição dos conteúdos derivados de cada uma delas.

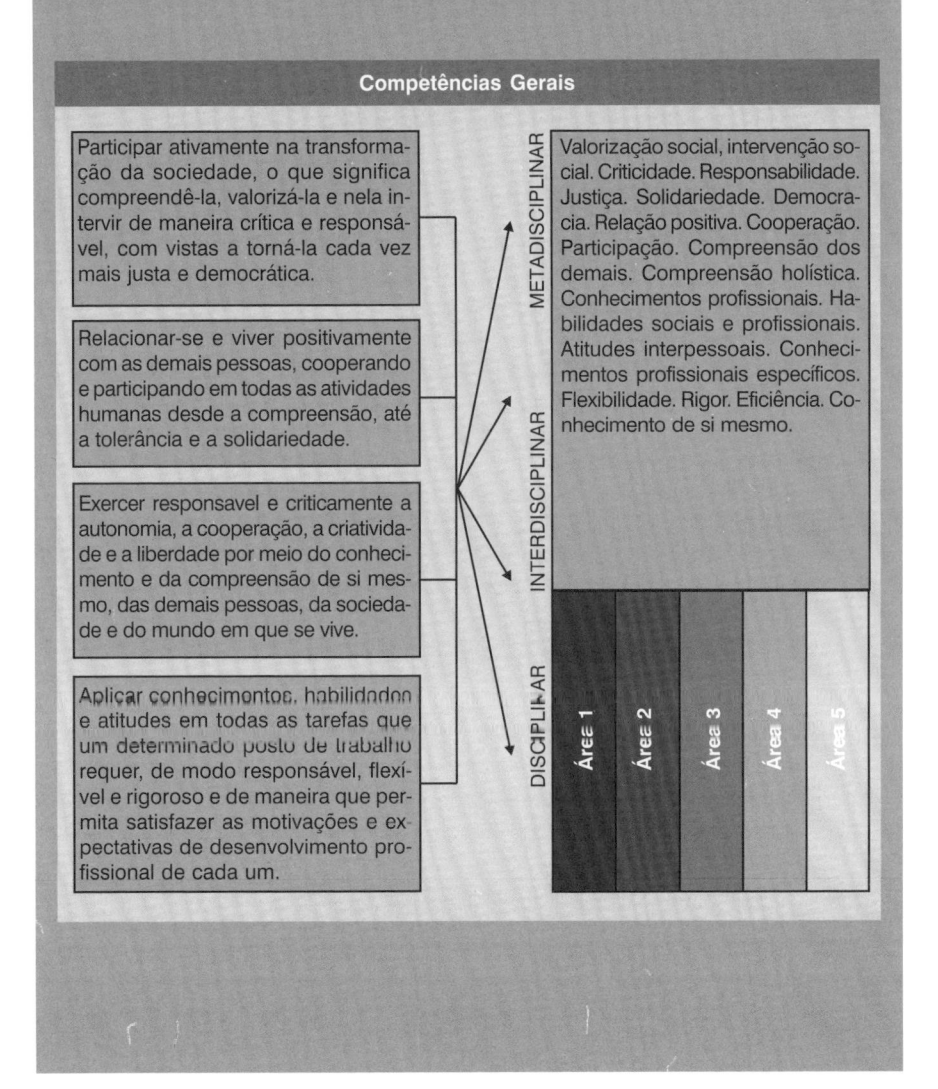

Competências Gerais

Competências		Dimensão
Participar ativamente na transformação da sociedade, o que significa compreendê-la, valorizá-la e nela intervir de maneira crítica e responsável, com vistas a torná-la cada vez mais justa e democrática.	METADISCIPLINAR	Valorização social, intervenção social. Criticidade. Responsabilidade. Justiça. Solidariedade. Democracia. Relação positiva. Cooperação. Participação. Compreensão dos demais. Compreensão holística. Conhecimentos profissionais. Habilidades sociais e profissionais. Atitudes interpessoais. Conhecimentos profissionais específicos. Flexibilidade. Rigor. Eficiência. Conhecimento de si mesmo.
Relacionar-se e viver positivamente com as demais pessoas, cooperando e participando em todas as atividades humanas desde a compreensão, até a tolerância e a solidariedade.		
Exercer responsavel e criticamente a autonomia, a cooperação, a criatividade e a liberdade por meio do conhecimento e da compreensão de si mesmo, das demais pessoas, da sociedade e do mundo em que se vive.	INTERDISCIPLINAR	
Aplicar conhecimentos, habilidades e atitudes em todas as tarefas que um determinado posto de trabalho requer, de modo responsável, flexível e rigoroso e de maneira que permita satisfazer as motivações e expectativas de desenvolvimento profissional de cada um.	DISCIPLINAR	Área 1 / Área 2 / Área 3 / Área 4 / Área 5

Da observação deste exercício verificaremos facilmente que a contribuição das disciplinas é limitada. Poderemos ver que muitos conteúdos, alguns essenciais para a aplicação das competências, não admitem uma inclusão em todos os saberes disciplinares.

Este esquema nos permite destacar a necessidade de que sejam criadas áreas curriculares que assumam conteúdos interdisciplinares, ao mesmo tempo em que contribuam com a aquisição de conteúdos de caráter metadisciplinar. Ao mesmo tempo, pode-se verificar que os conteúdos de caráter metadisciplinar exigem um tratamento específico, de tal modo que possam ser tratados de forma sistemática enquanto meio para garantir sua aplicação em todas as áreas e enquanto instrumento para a reflexão.

O núcleo comum: resposta ao ensino de competências

9

> Um ensino de competências para a vida requer a criação de uma área específica para todos seus componentes de caráter metadisciplinar, que permita a reflexão e o estudo teórico e, ao mesmo tempo, sua aprendizagem sistemática em todas as outras áreas.

De que forma abordar o ensino das competências e seus componentes que não tem a estrutura de uma disciplina científica?

A escola que pretenda o desenvolvimento de competências para responder aos problemas que a intervenção na realidade irá apresentar deve projetar, de forma rigorosa, a maneira como organizar o desenvolvimento curricular. As soluções até agora propostas consistem em que todas as áreas se "impregnem" de forma transversal dos conteúdos de caráter geral relacionados aos tópicos não disciplinares, ou na criação de uma nova área que abrigue todos os componentes das competências que não podem ser incluídos nos compartimentos das áreas disciplinares e que são tratados de forma descontínua ao longo da escolarização.

A solução de criar eixos transversais, em teoria, parece que pode cumprir com os objetivos propostos, mas constatamos que a aplicação em sala de aula desses eixos foi muito limitada, entre outras coisas porque eles não foram definidos como conteúdos avaliáveis. A aparente sobrecarga dos conteúdos de aprendizagem das áreas disciplinares inibe as boas intenções de integrar novos conteúdos aos programas. O não ser avaliável e o excesso de conteúdos impedem a proposição séria de sua aprendizagem, sobretudo por parte de professores especialistas que está saturada por aquilo que acredita não somente ser importante, como também por ser o que domina e sabe ensinar.

A solução consistente na criação de uma área específica é uma medida inoperante, muito mais se é distribuída somente a alguns níveis, pois, como veremos a seguir, as características da maioria dos componentes metadisciplinares exigem um ensino sistemático em todas e em cada uma das áreas ou disciplinas.

Consequências do caráter procedimental e atitudinal da maioria dos componentes metadisciplinares das competências

A análise realizada no capítulo anterior nos permite verificar que a maioria dos componentes das competências que não dispõem de uma disciplina científica que os sustente são principalmente de caráter procedimental e atitudinal. Essas características são determinantes no momento de definir a forma de organizar o currículo, não tanto por suas características epistemológicas, mas sim pela maneira como os procedimentos e as atitudes são aprendidos.

> O formato tradicional de organizar os conteúdos do ensino por meio da separação em compartimentos gerou a crença de que toda incorporação de novos conteúdos deve passar pela introdução de uma nova matéria ou disciplina.

O formato tradicional de organizar os conteúdos do ensino por meio da separação em compartimentos tratados como estanques gerou a crença de que toda incorporação de novos conteúdos deve passar pela introdução de uma nova matéria ou disciplina. Como podemos constatar, as pressões de diferentes grupos, seguramente bem-intencionados, para introduzir novos conteúdos no ensino se tornam, geralmente, em propostas que passam pela criação de uma nova matéria e não pela revisão de algum campo do conhecimento existente. Demanda incluir imediatamente a subsequente incorporação ao sistema escolar dos correspondentes especialistas. Portanto, a única solução possível para responder a novas necessidades sociais e culturais não consiste, quase nunca, na revisão global do currículo, mas sim em sua ampliação com novas disciplinas, ignorando algo tão evidente como a limitação do tempo de escolarização.

> Uma escola que pretenda ensinar competências deve realizar uma análise que determine quais são as alcançáveis, e não apenas desejáveis, e estabelecer critérios os quais permitam o estabelecimento de pautas para a seleção e priorização dos conteúdos de ensino em função dos objetivos propostos e das características dos alunos.

Uma escola que pretenda ensinar competência para responder aos problemas da vida deve realizar uma análise que determine com rigor quais são as competências alcançáveis, não somente as desejáveis, e fixar critérios precisos os quais permitam o estabelecimento de pautas para a seleção e priorização dos conteúdos de ensino, em função das finalidades propostas e das características singulares dos alunos. O processo de seleção é imprescindível se não se quer cair na armadilha de uma ampliação insensata ao considerar as limitações intratáveis marcadas por tempos que sempre serão limitados, nem as possibilidades reais de aprendizagem dos alunos. Por isso, a análise sobre as características das competências e a correspondente importância dos componentes interdisciplinares e metadisciplinares nos obrigam a revisar em profundidade o papel das diferentes áreas, seus conteúdos e, como veremos, a forma de ensiná-los.

Essas considerações devem servir para que respondamos a todos àqueles componentes os quais deveriam se situar em uma **área comum**, tal qual avançamos no Capítulo 8. Decisão que, contrariando aparentemente os comentários anteriores, representa a criação de uma nova disciplina. Entretanto, apesar de classificar os componentes metadisciplinares em uma área que denominamos "comum", a resposta nunca pode ser uma disciplina ou área convencional. Com vistas a compreender o significado e as características desta área comum, deveremos revisar os processos de aprendizagem e de ensino dos conteúdos procedimentais e atitudinais de caráter metadisciplinar. Nos Capítulos 6 e 7, prestamos atenção especial a esses processos, mas neste caso será suficiente uma revisão superficial de suas características.

> A análise sobre as características das competências e a importância de seus componentes interdisciplinares e metadisciplinares exige uma revisão minuciosa do papel das diferentes áreas, de seus conteúdos e, sobretudo, da forma adequada de ensiná-los.

Exercitação, aplicação, modelos e vivências

Os componentes procedimentais das competências, como, por exemplo, o trabalho em equipe, a classificação ou a observação, aprendem-se exercendo as ações correspondentes que as configuram: aprende-se a trabalhar em equipe trabalhando em equipe, a classificar classificando, a observar observando. Uma análise mais detalhada nos permite ver que o simples exercício não é suficiente, mas é imprescindível que as atividades as quais devem ser realizadas variem de menor a maior dificuldade, ou seja, que estejam sequenciadas progressivamente e que, além disso, em seu desenvolvimento auxílios sejam fornecidos a fim de que os alunos superem as sucessivas dificuldades. Vale dizer que a aprendizagem destes conteúdos exige um processo de ensino o qual não se pode reduzir a uma unidade didática ou ser desenvolvido em um ano escolar ou nível determinado, mas deve estar imerso em um longo processo no tempo e, dadas as características da maioria destes conteúdos, é necessário que, para conseguir seu domínio, essas atividades sejam realizadas no máximo de áreas possível e não somente em uma.

> A aprendizagem dos conteúdos procedimentais exige um processo de ensino que deve ser longo no tempo e não se situar em uma área apenas, mas sim que as atividades se realizem na maioria dessas áreas.

Se agora nos detivermos na forma como se aprendem os componentes atitudinais, que como vimos são fundamentais nas propostas expostas, veremos que sua aprendizagem é de uma grande complexidade. As atitudes se aprendem por meio da participação de múltiplas experiências vitais, nas quais o componente afetivo é determinante. Aprender a ser colabo-

As atitudes são aprendidas por meio da participação de múltiplas experiências nas quais são chave o exemplo, exercido pela pessoa admirada, as vivências em grupo, o compromisso para com o próprio grupo, a reflexão e o compromisso pessoal.

É imprescindível que em todas as áreas se realizem, de forma sistemática, atividades de ensino e aprendizagem que garantam o aprendizado das competências para a formação integral da pessoa, que os componentes metadisciplinares, fundamentalmente procedimentais e atitudinais requerem.

rativo, não sexista, democrático, crítico, tolerante, etc., exige ter vivido inúmeras atividades as quais tenham mobilizado o pensamento e o afeto. Para que a aprendizagem aconteça, algumas experiências são importantes, como por exemplo, o exercido pela pessoa admirada, as vivências em grupo, o compromisso com o próprio grupo, a reflexão e o compromisso pessoal. Mais uma vez, essas experiências, necessárias para que determinadas atitudes sejam aprendidas, não podem ser reduzidas a somente uma unidade didática, em um tempo limitado, nem tão somente a uma disciplina, mas é imprescindível que se realizem experiências de forma persistente ao longo de toda a escolarização. Atividades formadoras que, por meio da análise de conflitos habituais de comportamento e o compromisso pessoal, componham de maneira progressiva as atitudes desejadas.

Essa visão elementar de como os componentes básicos das competências de caráter metadisciplinar são aprendidos nos fazem defender a ideia de que esses conteúdos devem ser considerados por todos os professores da escola, de modo que todas as atividades de ensino e aprendizagem estejam presente e, portanto, utilizem as estratégias apropriadas para a aquisição dos procedimentos e das atitudes.

Essa é a primeira conclusão acerca do papel que devem ter os componentes de caráter metadisciplinar e que situamos na chamada "área comum". Se realmente pretende-se que os componentes sejam aprendidos, o conhecimento de como se produz sua aprendizagem não permite outra opção além de utilizar as estratégias apropriadas. Dado que a maioria das competências para a formação integral da pessoa tem componentes metadisciplinares, fundamentalmente procedimentais e atitudinais, deverão ser realizadas de forma sistemática e em todas as áreas as atividades de ensino que garantam a aprendizagem dessas competências.

Tempo para a reflexão e a análise sistemática

Retomando a análise de como se aprendem os procedimentos e as atitudes, chegamos à segunda conclusão. Dissemos que os procedimentos são aprendidos com o exercício, e esta é a condição *sine qua non*, mas também sabemos que sua aprendizagem exige, em primeiro lugar, que alguém nos mostre de que forma funcionam, ou seja, a exposição do modelo e a justificativa de cada uma de suas fases. É impossível a aprendizagem de um procedimento se não conhecemos seu funcionamento, ou seja, se não dispomos de uma explicação e uma visualização de como se deve desenvolver e se durante o exercício não refletimos sobre o papel dos diferentes passos que o constituem. Do mesmo modo, se queremos que a aprendizagem de uma atitude ocorra sob critérios de autonomia moral, com pleno convencimento, que não seja uma simples atuação convencional para conseguir a aceitação do grupo ou por admiração a quem queremos imitar, é imprescindível que tenha existido uma reflexão e uma assunção pessoal em relação ao cumprimento dos comportamentos que configuram essa ação.

Essas considerações nos levam a determinar a necessidade de que exista um espaço para a reflexão sistemática sobre os conteúdos procedimentais e atitudinais que já são praticados ou que serão praticados em cada uma das áreas. Isso significa a presença de um tempo escolar de frequência periódica no qual o professor, ou o responsável por esta área comum, desenvolva de forma metódica todas as ações relacionadas aos aspectos teóricos dos procedimentos e das atitudes. Aspectos teóricos que devem ser tomados em uma área do mesmo modo no qual são outras áreas convencionais. Algo parecido ao que ocorre, ou deveria ocorrer, com alguns conteúdos os quais dispõem de um suporte disciplinar, por exemplo: as competências linguísticas de expressão oral e de compreensão de leitura, cujo domínio somente é possível quando as atividades de aprendizagem não se reduzem a alguns momentos determinados nas horas da disciplina de língua, mas que exercícios de expressão oral e compreensão de leitura sejam realizados de forma sistemática em todas as áreas; mas, além disso, deste exercício em diferentes contextos e situações nas diversas disciplinas, reserva-se um tempo na área de língua para que se analise e reflita detidamente sobre as características formais da expressão oral e da compreensão de leitura, e sejam oferecidas atividades para o estudo e compreensão da base teórica que as fundamentam.

> Para aprender um procedimento é indispensável conhecer de que forma funciona e refletir sobre o papel dos diferentes passos que o constituem.

> Deve existir um espaço para a reflexão sobre os conteúdos procedimentais e atitudinais que são praticados ou que se praticará em cada uma das áreas, o que significa a presença de um tempo escolar para isso

> Alguns conteúdos os quais dispõem de suporte disciplinar somente podem ser dominados quando as atividades de aprendizagem não forem reduzidas a momentos determinados em uma área de ensino, mas que sejam exercitados de forma sistemática em todas as áreas.

A resposta está na metodologia que todas as áreas devem utilizar

Para identificar as características das medidas que devem utilizar, recordaremos a análise realizada no Capítulo 8 sobre as competências gerais do âmbito pessoal. Nele observamos as competências que são extraídas das finalidades educacionais na dimensão pessoal (ver Quadro 8.3) e vimos que para o exercício competente é necessário o domínio de muitos aspectos cuja sustentação teórica é muito fraca ou inexistente. É o caso das ideias de "responsabilidade", "capacidade crítica", "autonomia", "cooperação" e "liberdade". Nenhum desses componentes dispõe de uma base teórica que os tenha estudado em todas as acepções oriundas do enunciado de sua **competência geral**.

Se na organização curricular se opta por uma distribuição dos conteúdos nas disciplinas ou áreas tradicionais: matemáticas, língua, ciências sociais e naturais, música, etc., em nenhuma delas é razoável que as ideias de "responsabilidade", "capacidade crítica", "autonomia", "cooperação" e "liberdade" sejam objeto de estudo em um tema ou unidade convencional, pois, excetuando alguns aspectos desses conceitos que podem ser tratados por algumas disciplinas das ciências sociais ou pela filosofia, a inclusão do restante de acepções como conteúdos de aprendizagem nas disciplinas tradicionais resulta não apenas forçado, como também sem sentido devido a estrutura epistemológica das correspondentes disciplinas acadêmicas não conter estas ideias. Ou seja, do ponto de vista da lógica das matérias, a introdução dos conceitos mencionados representa uma arbitrariedade difícil de justificar se não empregarmos outros argumentos que superem a função estritamente acadêmica dos compartimentos utilizados para organizar e apresentar os conteúdos curriculares.

Neste ponto é conveniente analisarmos de que forma os alunos podem aprender a ser responsáveis, autônomos, cooperativos e livres. Como vimos até agora, o conhecimento científico de que dispomos acerca do modo em que essas aprendizagens são produzidas nos permite afirmar que as atividades de ensino devem ser embasadas, inevitavelmente, na prática e na vivência de experiências nas quais se apliquem, de forma sistemática e persistente, valores e atitudes. Vivências e práticas que como todas as aprendizagens de conteúdos de caráter atitudinal não são limitadas a períodos de tempo restritos, mas que devem se estender a todos os momentos e situações da vida escolar e, consequentemente, a cada uma das áreas ou disciplinas nas quais o ensino tenha se organizado.

> A solução consiste em aplicar a cada uma das disciplinas atividades nas quais seja necessário agir conforme as atitudes e os valores desejados.

Todavia, a solução não consiste em introduzir novos temas, mas sim em aplicar a cada uma das disciplinas e aos temas próprios a elas, atividades nas quais seja necessário agir conforme as atitudes e os valores desejados. A resposta consiste no uso de metodologias de ensino coerentes com os conteúdos e não em acrescentá-los por meio da introdução de novos temas. É imprescindível que em matemáticas, língua, música, ciências naturais, etc., utilize-se uma metodologia na qual o aluno viva experiências de aprendizagem sistemáticas e repetidas, que o obriguem a ser cada vez mais responsável, crítico, autônomo, cooperativo e livre. Essa é uma forma de ensinar na qual o aluno, em todas as áreas do ensino, deve superar os conflitos pessoais e grupais para ir formando comportamentos conforme as competências atitudinais desejadas. Portanto, a solução não está em acrescentar novos conteúdos, mas em aplicar as formas de ensino adequadas; mas se queremos garantir sua aprendizagem, será necessário responder, pelo menos, a quatro necessidades: a *reflexão*, a *sistematização*, a *avaliação* e a *coordenação*.

> O segredo está em aplicar as formas de ensino adequadas e responder à reflexão, à sistematização, à avaliação e à coordenação.

Reflexão, Sistematização, Evolução e Coordenação

Vimos que é impossível o domínio de qualquer procedimento sem a capacidade para *refletir sobre suas características e as fases que o constituem*. A realização efetiva e a melhoria de qualquer conteúdo procedimental exigem o conhecimento e a análise sobre seu nível de utilização. A aquisição da autonomia moral, no caso das atitudes, passa pelo estudo de situações de conflito e pela reflexão, e o posicionamento pessoal no que diz respeito ao comportamento desejável. Saber trabalhar em equipe e ser responsável, crítico, autônomo e cooperativo implica um processo explícito e formal no qual se desenvolve seu ensino e sua aprendizagem. Definitivamente, é necessário determinar um tempo no qual periodicamente se realize a reflexão e o estudo que permitam que os alunos cheguem a conhecer e fundamentar os procedimentos gerais e comuns, e construir o conjunto das atitudes.

> É necessário determinar um tempo no qual periodicamente sejam realizados a reflexão e o estudo que permitam que os alunos cheguem a conhecer e fundamentar os procedimentos gerais e comuns, e construir, por meio da reflexão e da análise, o conjunto de atitudes.

Entretanto, essa reflexão somente atingirá seus objetivos se corresponder a um desenvolvimento e planejamento no qual, de forma sistemática, desde os primeiros anos de escolarização, se identifiquem: por um lado, em cada uma das áreas e níveis, as experiências educacionais conforme os diferentes graus de exigência, e por outro, os conteúdos que devem ser desenvolvidos no tempo dedicado à teorização e à reflexão ao longo de toda a escolarização. Essa é uma clara definição dos objetivos e conteúdos para cada um dos níveis de ensino e das atividades de aprendizagem os quais devem ser realizados em cada uma das áreas e da área co-

A reflexão deve corresponder a uma clara definição de objetivos e conteúdos para cada um dos níveis de ensino e das atividades de aprendizagem que devem ser realizadas em cada área e na área comum, o que implica a determinação da metodologia que deve seguir em todas as áreas e que possibilite que os alunos ajam "responsavelmente", "com capacidade crítica", "com autonomia", "cooperativamente" e aprendendo a exercer a "liberdade".

É imprescindível responder à necessidade de coordenação entre os professores.

mum, o que implica a determinação da metodologia que possibilite que, cada vez mais, os alunos ajam "responsavelmente", "com capacidade crítica", "com autonomia", "cooperativamente" e aprendendo a exercer a "liberdade".

Indubitavelmente, será muito difícil assegurar a aquisição desses conteúdos procedimentais de caráter metadisciplinar se não se definem, explicitamente, as ações necessárias para conhecer o processo de ensino e aprendizagem e os resultados de cada um dos alunos. Introduzir um processo rigoroso e sistemático de avaliação dos conteúdos de "responsabilidade", "capacidade crítica", "autonomia", "cooperação" e "liberdade" é condição indispensável para assegurar sua aprendizagem.

Dado que o ensino dos conteúdos dessa área comum deve ser realizado por todos os professores que atendem a um mesmo grupo de alunos, é indispensável responder à necessidade de coordenação, o que implica a existência de uma ação explícita de coordenação das intervenções de cada um deles. Parece razoável que o professor responsável pelo desenvolvimento teórico da área comum seja o mesmo que, além de ministrar as sessões teóricas correspondentes, responsabilize-se por coordenar todas as atividades de ensino e aprendizagem de seus colegas em cada uma de suas respectivas áreas.

NA PRÁTICA

A área de tutoria e orientação enquanto área comum

A solução adotada pela equipe que elaborou o "Currículo Basco para o ensino obrigatório" (AA. VV., 2005), para todos os conteúdos metadisciplinares derivados das competências gerais, consistiu em agrupá-los em uma área comum, denominada "Área de Tutoria e Orientação". Vamos deter-nos em alguns de seus componentes para ilustrar de que forma se resolveram o desenvolvimento dos objetivos gerais, os conteúdos de aprendizagem, as competências específicas e os critérios de avaliação. Os autores que desenvolveram essa área[1] identificam claramente seu papel, com relação às áreas disciplinares, como o meio de sistematizar a reflexão sobre os conteúdos metadisciplinares e estabelecer as estratégias de trabalho conjunto em sala de aula: "É a função de todas as áreas disciplinares contribuir para o desenvolvimento das potencialidades da pessoa para que elas sejam competentes para aprender e pensar, para comunicar, para conviver com os demais, para serem elas mesmas e para agir e empreender. Cada área disciplinar contribui para dar resposta a essas competências educacionais gerais a partir de seu próprio enfoque. A área de Tutoria de Orientação tem também seu enfoque próprio e específico, mas possui ao mesmo tempo a função de coordenar, dinamizar e criar sinergias nas competências educacionais que são comuns a todas as áreas, colaborando com todos os agentes implicados na comunidade educacional".

Competências gerais da área de tutoria e orientação

> Das 6 competências gerais da área escolhemos a 2 e a 3, relacionadas aos âmbitos social e interpessoal:
>
> **Competência geral 2:** explorar de forma contínua, em si mesmo e ao redor, determinantes pessoais e sociais relacionados ao mundo do trabalho, com vistas a tomar decisões profissionais e desenvolver a capacidade para gerir o próprio caminho com o maior realismo.
>
> **Competência geral 3:** analisar e valorizar com juízo crítico fatores que determinam o funcionamento dos grupos e das habilidades necessárias para se relacionar de maneira satisfatória, seja no âmbito familiar, escolar ou em ambientes de trabalho, com o objetivo de neles participar e realizar projetos compartilhados.

---

[1] Justo Bereziartua, Begoña Berroeta e Irene López-Goñi.

Conteúdos atitudinais, conceituais e procedimentais

A totalidade dos **conteúdos atitudinais** da área são:

1. Autonomia no desenvolvimento dos trabalhos propostos, no modo de realizar a tarefa e nos processos de tomada de decisão.
2. Empatia em relação às vivências de outras pessoas, especialmente de seu estado emocional manifesto, por meio da capacidade de se situar sob outro ponto de vista e, assim, compartilhar os sentimentos.
3. Assertividade diante de situações escolares de pressão grupal ou diante dos professores, sendo capaz de expressar os próprios pontos de vista de maneira clara e respeitosa.
4. Respeito à diversidade de culturas, nível socioeconômico, comportamentos, concepções ou atitudes de outras pessoas ou grupos sociais.
5. Tolerância à frustração diante do mal-estar experimentado por situações pessoais e escolares adversas, tais como expectativas não cumpridas, resultados não esperados, fracasso nas relações, etc.
6. Iniciativa para promover e efetuar mudanças tanto no âmbito de resolução de conflitos quanto no desenvolvimento de projetos.
7. Criatividade: capacidade para gerar ideias novas no planejamento de propostas e soluções requeridas no trabalho escolar.
8. Flexibilidade como abertura a contribuições novas relacionadas a si mesmo e ao grupo.
9. Perseverança: constância manifestada em ações, na realização de atividades cuja execução suponha muito esforço ou cuja obtenção se dê no longo prazo.
10. Autodisciplina: qualidade associada à vontade e à perseverança (regularidade). É necessária na organização do trabalho e na aplicação de métodos de estudo. Requer permanência e concentração na ação.
11. Paciência na realização de atividades minuciosas e pesadas por serem repetitivas. Também a reflexão acerca do próprio processo de aprendizagem deve ser realizada com paciência, sem esperar sempre um resultado imediato.
12. Companheirismo: criar harmonia e correspondência entre as pessoas na vida cotidiana. Interesse generoso pelos demais. O companheirismo gera um clima favorável para o desenvolvimento das habilidades sociais.
13. Responsabilidade no cumprimento dos compromissos, com a palavra dada e com as tarefas dadas em grupo. Significa, também, ser cuidadoso e prestar atenção às ações que realizamos.
14. Realismo na percepção e valorização ajustada das próprias possibilidades.

Os **conteúdos conceituais e procedimentais** são distribuídos nos seguintes blocos:
1. "Processo de aprendizagem".
2. "A sociabilidade".
3. "O desenvolvimento pessoal".
4. "A orientação profissional".

Destes quatro blocos nos deteremos no segundo: a sociabilidade.

Bloco "A sociabilidade".

Conteúdos Conceituais	Conteúdos Procedimentais
1. Grupo ▸ Líder e liderança ▸ Papéis no grupo ▸ Grupo e agrupamento ▸ Sentimento de posse **2. Conflito** ▸ Líder e liderança ▸ Norma e disciplina ▸ Maneiras de resolver conflitos ▸ Consenso e acordo ▸ Competência e competitividade **3. Habilidades sociais** ▸ Habilidades comunicativas ▸ Apresentações ▸ Entrevistas ▸ Conversação ▸ Saudações ▸ Tipos de conduta social **4. Diversidade** ▸ Exclusão, inclusão ▸ Diferença, igualdade e equidade ▸ Direitos individuais e coletivos **5. Cidadania** ▸ Participação, posse, identidade, direitos e deveres	**1. Pautas para o trabalho em grupo** ▸ Classificar os objetivos e aderir pessoalmente às metas do grupo. ▸ Distribuir papéis e funções. ▸ Assumir a responsabilidade compartilhada. ▸ Analisar as tarefas. ▸ Estabelecer os canais de comunicação. ▸ Marcar tempos. ▸ Executar as atividades e nelas se envolver. ▸ Avaliar o processo e os produtos. **2. Conselhos para o desenvolvimento das reuniões** ▸ Ter preparada a informação referente aos temas. ▸ Cuidar a pontualidade. ▸ Centrar-se nos temas da reunião. ▸ Procurar intervir sem interromper. ▸ Manter as margens de tempo. ▸ Anotar temas não abordados na pauta do dia. ▸ Tentar acordos na pauta do dia. ▸ Tirar conclusões. **3. Passos para enfrentar conflitos** ▸ Deter-se antes de perder o controle. ▸ Definir adequadamente o conflito. Dizer qual é o problema. ▸ Escutar as demais pessoas. ▸ Pensar nas possíveis soluções para o conflito. ▸ Escolher a solução que se considere melhor e satisfaça a todos, e ver quais possibilidades podem ser levadas à prática. ▸ Levar à prática a solução escolhida. ▸ Valorizar os resultados obtidos, o trabalho que deverá ser realizado, a duração, etc.

Competências específicas e critérios de avaliação
Das 11 competências específicas propostas pelos autores selecionamos a terceira e a sétima.

Bloco "A sociabilidade".

Competências Específicas	Critérios de avaliação
3. Colaborar com o companheirismo no grupo para o desenvolvimento de projetos compartilhados.	3.1. Tende a unificar a linguagem utilizada. 3.2. Atribui importância às ações de contribuição coletivas (reuniões). 3.3. Proporciona ajuda aos colegas do grupo. 3.4. Confia na contribuição e no empenho dos colegas. 3.5. Coloca o êxito do grupo em primeiro lugar, antes mesmo da honra pessoal. 3.6. Pede ajuda aos colegas quando considera necessário.
7. Observar o funcionamento do grupo e estimular seu desenvolvimento com iniciativa.	7.1. Busca a possibilidade de obter algum êxito em curto prazo, embora saiba que essa possibilidade possa ser pequena. 7.2. Relembra ao grupo o objetivo comum proposto. 7.3. Na distribuição das funções dá importância à capacidade e aos interesses das pessoas. 7.4. Manifesta sua satisfação pelo bom funcionamento da equipe. 7.5. Identifica as necessidades e solicita ajuda externa.

Os métodos para o ensino das competências devem ter um enfoque globalizador 10

Não há uma metodologia própria para o ensino das competências, mas condições gerais sobre como devem ser as estratégias metodológicas, entre as quais cabe destacar a de que todas devem ter um enfoque globalizador.

É possível uma metodologia para o ensino das competências?

Da análise até este momento é possível extrair algumas conclusões acerca das implicações do ensino das competências. Pois bem, o ensino das competências requer uma metodologia específica ou única? Há uma metodologia para as competências? Qual é a distância entre a metodologia para o ensino dos conhecimentos convencionais e a distância necessária para o ensino das competências?

Diante do método ainda hoje mais utilizado, o método transmissivo convencional, baseado na sequênica exposição-estudo-exercício-prova ou exame, as diferentes correntes pedagógicas buscaram uma alternativa oferecendo soluções que de um modo ou de outro representavam modelos também esteriotipados. De alguma maneira parecia que a solução para o modelo fechado o qual se questionava era outro fechado que, de forma geral, respondesse às novas necessidades do ensino. As diferentes propostas metodológicas surgiram como alternativas apresentadas de forma esquemática ou simples, como uma sequência de atividades mais ou menos padrão. Isso é fácil de constatar se repassamos as diferentes propostas metodológicas que, com maior ou menor acerto ou aceitação, foram aplicadas em nossas aulas como modas *prêt-à-porter*. Todas elas, parafraseando a metodologia tradicional, mostram os professores como aplicadores dos métodos alternativos. Apresentam-se os novos métodos como conjuntos sequenciados de atividades de forma rígida, do mesmo modo que o método tradicional no qual, sejam quais forem os conteúdos da aprendizagem, a sequência de ensino é *"imexível"*.

O conhecimento que atualmente temos sobre a complexidade que compõe a aprendizagem de competências, sua natureza diferencial, as diferentes nuances em função do grau de aprendizagem destes e, normalmente, o conhecimento existente sobre os processos de aprendizagem nos permite concluir que não há um único método alternativo para o ensino transmissivo, exemplificado na chamada classe docente, mas que a resposta às necessidades educacionais passa pelo domínio de múltiplas estratégias metodológicas, entre elas a própria exposição docente, a qual deve ser aplicada, de forma flexível e não arbitrária, segundo as características dos conteúdos em função dos objetivos previstos para eles, e das características dos alunos. Não há uma única resposta, mas todas servem, quais são, pois, as estratégias metodológicas mais apropriadas ao ensino e à aprendizagem das competências? Quais são suas características? Qual papel os professores tem em seu ensino?

Critérios gerais para a tomada de decisões metodológicas

Com vistas a poder estabelecer as características que devem ter as estratégias metodológicas para o ensino e aprendizagem das competências, revisaremos as conclusões dos capítulos anteriores. No Capítulo 7, dedicado ao ensino das competências, identificamos uma série de critérios:

- Os relacionados à necessidade de que as aprendizagens sejam o mais significativa possível.
- Os relacionados à complexidade da própria competência e, especialmente, de todo o processo de atuação competente.
- Os relacionados ao caráter procedimental do processo de atuação competente.
- Os relacionados às características dos componentes das competências.

Nos Capítulos 8 e 9 podemos verificar de que forma uma estrutura curricular organizada em torno das disciplinas convencionais impossibilita o desenvolvimento de todas as competências, e como se faz necessária uma reconceituação destas em áreas que assumam o ensino das competências de **caráter interdisciplinar** e metadisciplinar, e ao mesmo tempo o estabelecimento de uma área que as formalize e sistematize. Disso é possível extrair alguns critérios determinantes:

- Os relativos à necessidade de que as áreas disciplinares assumam, na forma de ensino, as condições para a aprendizagem dos conteúdos e competências comuns, especialmente dos âmbitos interpessoal e social.
- Os que se derivam da existência de uma área comum que coordene e sistematize as atividades de aprendizagem realizadas em outras áreas.

Esse conjunto de critérios nos permite verificar a fragilidade dos métodos expositivos tradicionais. O ensino universitário* e seus derivados, centrados na exposição da matéria por parte dos professores e o estudo posterior dos alunos, como vimos, somente servem para aquelas competências de caráter acadêmico nas quais a reprodução mais ou menos literal corresponde-se com o nível de eficiência desejado. Os métodos expositivos são eficazes quando a competência exigida do aluno consiste na enumeração dos conteúdos factuais, na descrição de fatos e de acontecimentos, na definição ou explicação de teorias de forma mais ou menos padrão em alguns casos, quando a competência consiste na resolução de problemas segundo formatos esteriotipados; no entanto, sempre que se tenham estabelecido os meios para atender à diversidade dos alunos e medidas que fomentem uma autoestima e autoconceito favoráveis com relação à matéria, ou seja um sistema avaliativo que contemple as características diferenciais dos alunos e incentive cada um deles segundo suas verdadeiras possibilidades.

> O ensino universitário e os métodos derivados servem somente para as competências de caráter acadêmico.

Essa limitação do ensino universitário, como falamos, gerou uma busca notável por métodos alternativos nas últimas décadas: pesquisa do meio, projetos de trabalho, análise de caso, resolução de problemas, etc. Cada um deles apresentado como "a alternativa" ao método expositivo. Em que pese os critérios que descrevemos sobre o ensino das competências, podemos afirmar que, apesar de cada um deles ser apropriado para o ensino de competências, ao mesmo tempo nenhum representa a única resposta válida. Temos aqui, uma das maiores dificuldades atuais que o ensino apresenta, pois a aplicação desses critérios nos leva à conclusão da inexistência de um único método. Ao contrário, será necessário empregar a cada caso a estratégia metodológica apropriada às particularidades da competência a ser desenvolvida e às características dos alunos.

> A limitação dos métodos expositivos gerou uma busca por métodos alternativos, mas nenhum representa a única resposta válida, visto que não existe um único método.

---

*N. de T. No original, *clase magistral*, que, de acordo com Prégent (1990), seria um dos três métodos de ensino universitário no mundo, os outros dois seriam a discussão ou o trabalho em grupo e a aprendizagem individual. PRÉGENT, R. 1990. *La preparation d'un cours*. Editions de l'Ecole Polytechnique de Montréal. Montreal.

> O resultado é um ensino no qual o objetivo não é a variedade, mas a utilização apropriada de estratégias e métodos coerentes com o conhecimento disponível sobre como as aprendizagens são produzidas.

Isso significa um ensino diverso e complexo que deverá adotar diferentes formas como os métodos mencionados antes e entre os quais deverão coexistir momentos de aulas expositivas. O resultado é um ensino no qual o professor deverá utilizar uma metodologia variada com sequências didáticas enfocadas sob o *método de projetos*, convivendo com *análise de casos*, *pesquisas do meio*, etc. e com intervenções expositivas convencionais. Por fim, um ensino no qual o objetivo não será a variedade, mas a utilização apropriada de estratégias e métodos coerentes com o conhecimento disponível sobre como as aprendizagens são produzidas.

Variáveis que configuram a prática educacional

> As variáveis metodológicas incluem, além de atividades determinadas: uma forma de agrupá-las e articulá-las em sequências de atividades; relações e situações comunicativas que permitem identificar os reais papéis de alunos e professores; formas de agrupamento social da aula; uma maneira de distribuir o espaço e o tempo; um sistema de organização dos conteúdos; um uso dos materiais curriculares, e um procedimento para a avaliação.

Dado que não é possível estabelecer um único método para o ensino das competências, analisaremos de que maneira os critérios enunciados anteriormente influenciam as variáveis metodológicas; e, para isso, identificaremos as características que devem ter os componentes que definam a prática educacional.

As dimensões ou variáveis as quais permitem descrever qualquer proposta metodológica incluem, além de atividades ou tarefas determinadas, uma forma de agrupá-las e articulá-las em *sequências de atividades* (aula expositiva, por descoberta, por projetos, etc.), *relações e situações comunicativas* que permitem identificar o real papel dos professores e dos alunos (diretivos, participativos, cooperativos, etc.), *formas de agrupamento* ou *organização social* da aula (grande grupo, equipes fixas, grupos móveis, etc.), uma maneira de *distribuir o espaço* e o *tempo* (cantos, oficinas, aulas de área, etc.), um sistema de *organização dos conteúdos* (disciplinar, interdisciplinar, globalizador, etc.), um uso dos *materiais curriculares* (livro didático, ensino com o auxílio do computador, fichas autocorrigíveis, etc.) e um procedimento para a *avaliação* (de resultados, formativa, sancionadora, etc.).

Uma vez reconhecidas as variáveis metodológicas, veremos de que forma os critérios para o ensino das competências se dão em cada uma delas segundo apresenta a Figura 10.1.

As sequências didáticas

As sequências de ensino-aprendizagem ou sequências didáticas são a maneira de encadear e articular as diferentes atividades ao longo de uma unidade didática. Assim, poderemos analisar as diferentes formas de intervenção segundo as atividades que se realizam e, sobretudo, pelo sentido que adquirem sobre uma sequência orientada para a construção de objetivos educacionais. As sequências podem fornecer pistas acerca da função que cada uma das atividades tem na construção do conhecimento ou da aprendizagem de diferentes conteúdos e, por seguinte, valorizar a pertinência ou não de cada uma delas, a falta de outras ou a ênfase que devemos lhes atribuir.

> As sequências de atividades de ensino-aprendizagem ou sequências didáticas são a maneira de encadear e articular as diferentes atividades ao longo de uma unidade didática.

Dos critérios derivados dos modos em que se aprendem e ensinam as competências, podemos estabelecer que as sequências didáticas, seja qual for a forma em que estas se realizem (descobertas, projetos, análise de casos, etc.), devem conter as seguintes fases (ver Quadro 10.1):

1. Estabelecimento, compartilhado com os alunos, dos objetivos da unidade e das atividades que de-

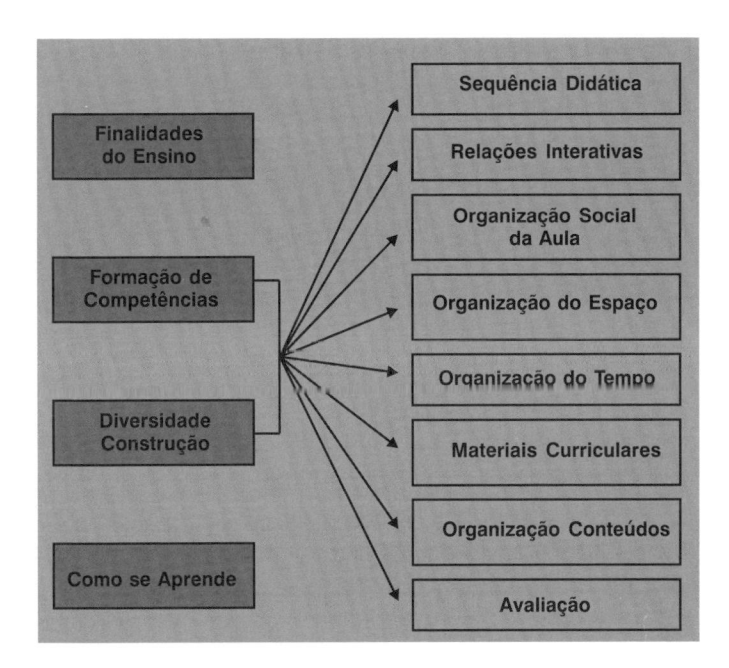

FIGURA 10.1 Relação entre finalidades, concepção de aprendizagem e variáveis metodológicas.

> As sequências didáticas devem conter as seguintes fases: estabelecimento compartilhado dos objetivos, atividades e identificação da situação da realidade que será objeto de estudo; identificação das questões ou problemas que se apresentam; construção do esquema de atuação; expressão exata desses esquemas; revisão do conhecimento disponível para planejar sua aprendizagem e aplicação do esquema de atuação em situações reais diferentes, tantas vezes quantas forem necessárias.

vem ser realizadas, e identificação da situação da realidade que será objeto de estudo. É o passo prévio para o planejamento das questões ou dos problemas que será necessário resolver para poder agir na situação de forma competente.

2. Identificação das questões ou problemas que a situação da realidade apresenta. Momento no qual se explicita a necessidade de aplicar a competência objeto de estudo.
3. Construção do esquema de atuação que permita responder ao problema proposto pela situação. Construção ou seleção dos possíveis esquemas de atuação.
4. Expressão exata do esquema de atuação correspondente à competência, identificando com clareza o procedimento que deve seguir e os conhecimentos, as habilidades e as atitudes que devem ser adquiridos para agir de forma eficaz.
5. Revisão do conhecimento disponível sobre cada um dos momentos da competência para propor sua aprendizagem. Nos conteúdos factuais, atividades para a memorização; nos conceituais, para a compreensão e aplicação nos contextos diferentes; nos procedimentais, para a exercitação progressiva com a correspondente ajuda com vistas ao domínio da ação; e nos atitudinais, o trabalho metódico e permanente no tempo.
6. Uma vez conhecidos, compreendidos e dominados os componentes do esquema de atuação da competência, será necessária sua aplicação em situações reais e diferentes, tantas vezes quantas forem necessárias, evidentemente, acompanhadas das ajudas específicas em função das possibilidades e características de cada um dos alunos.

O Quadro 10.1 é uma aplicação esquemática do que representam essas fases nas diferentes áreas. Assim, podemos ver de que forma em cada área os problemas propostos em situações reais são resolvidos com esquemas de atuação próprios de cada matéria. O domínio desses esquemas exige atividades de aprendizagem segundo as características dos componentes conceituais, procedimentais e atitudinais próprios da matéria. Uma vez aprendido o esquema de atuação, é possível resolver a aplicação desses esquemas em situações si-

Como aprender e ensinar competências 149

QUADRO 10.1 Fases que as sequências didáticas em áreas diferentes devem seguir

Sequência Didática Geral	Sequência Didática da língua	Sequência Didática das Ciências Sociais	Sequência Didática da Matemática	Sequência Didática das Ciências Naturais
Situação da realidade	Situação da realidade	Situação da realidade.	Situação da realidade.	Situação da realidade.
Problemas ou questões	Necessidades comunicativas.	Conflitos sociais.	Problemas matemáticos.	Questões diante de um fenômeno físico.
De que forma resolvê-los?	Como expressá-las?	Como interpretá-los?	Como resolvê-los?	Como explicá-los?
Seleção esquema de atuação	Forma textual.	Modelos e instrumentos interpretativos.	Axiomas e algoritmos.	Princípio físico e técnicas de experimentação.
Processo de aprendizagem do esquema de atuação e de seus componentes	Construção do modelo e exercitação.	Elaboração conceitual e exercitação das técnicas.	Compreensão do axioma e algoritmos, e exercitação.	Compreensão dos princípios e exercitação das técnicas de experimentação.
Aplicação do esquema de atuação na situação da realidade objeto de estudo	Aplicação da forma textual para responder à necessidade comunicativa.	Aplicação do modelo e dos instrumentos para a interpretação do conflito social objeto de estudo.	Aplicação do axioma e do algoritmo para resolver o problema que a situação da realidade apresenta.	Aplicação dos princípios e das técnicas para responder às questões propostas na situação da realidade.
Aplicação do esquema de atuação em situações diversas	Aplicação da forma textual em diferentes situações comunicativas de características similares.	Aplicação do modelo e dos instrumentos para a interpretação de diferentes conflitos sociais similares.	Aplicação do axioma e algoritmo para resolver problemas diversos da mesma natureza.	Aplicação dos princípios e das técnicas para responder às questões presentes em situações reais.

milares, embora diferentes, com vistas a capacitar os alunos para atuarem de modo competente em novas situações.

Como podemos ver, essa sequência geral para o ensino das competências centrou-se nas atividades específicas para a construção ou exercitação dos componentes delas. São atividades que somente estão condicionadas pela aprendizagem das competências de **caráter disciplinar** e interdisciplinar. O que interessa neste caso é apenas a aprendizagem das competências correspondes a uma área do conhecimento. Entretanto, o que ocorre com as competências de caráter metadisciplinar, ou seja, aquelas que não possuem uma área ou matéria específicas?

No capítulo anterior vimos que era necessária uma área comum que sistematizasse o trabalho de reflexão e coordenação dessas competências, mas que elas deveriam ser aprendidas por meio de atividades realizáveis de forma contínua em todas as áreas. Dessa forma, à sequência descrita será necessário substituir, quando convir, as atividades de aprendizagem de cada uma das fases por outras que, ao mesmo tempo que servem para a construção da competência disciplinar, sirvam também para a aprendizagem das competências da área comum, relacionadas ao aprender a aprender, aprender a conviver, aprender a agir com singularidade, aprender a empreender, etc. Isso fará com que muitas atividades se embasem na participação dos alunos, nas estratégias de busca da informação e pesquisa, no trabalho em equipe, em atividades coeducativas, etc., combinando a isso o uso de métodos de ensino complexos como a pesquisa do meio ou os projetos, entre outros. De tal modo que o restante das variáveis metodológicas que define a prática educacional fica condicionado pela necessidade de abordar, ao mesmo tempo, as competências disciplinares e as de caráter metadisciplinar.

São funções dos professores: permitir a adaptação às necessidades dos alunos; contar com as contribuições e conhecimentos dos alunos; auxiliá-los a encontrar sentido no que estiverem fazendo; estabelecer desafios e alvos alcançáveis; oferecer auxílio adequado; promover a atividade mental autoestruturante, a autoestima e o autoconceito; promover canais de comunicação; potenciar a autonomia; valorar os alunos de acordo com suas capacidades e esforço, e incentivar a autoavaliação das competências.

As relações interativas

O papel dos professores e dos alunos e, de modo geral, das relações que são produzidas entre professor e aluno ou entre alunos afetam o nível de comunicação e os vínculos afetivos estabelecidos os quais dão lugar a um determinado clima de convivência. Tipos de comunicações e vínculos fazem com que a transmissão do conhecimento ou os modelos e as propostas didáticas concordem ou não com as necessidades de aprendizagem.

Do conjunto de relações interativas necessárias para facilitar a aprendizagem deduz-se uma série de funções dos professores que têm como ponto de partida o mesmo planejamento. Podemos ver essas funções da seguinte maneira:

- Planejar a atuação docente de uma maneira suficientemente flexível para permitir a adaptação às necessidades dos alunos em todo o processo de ensino-aprendizagem.
- Contar com as contribuições e os conhecimentos dos alunos, tanto no início das atividades quanto durante sua realização.
- Auxiliar os alunos a encontrar sentido no que estiveram fazendo para que saibam o que devem fazer, sintam o que podem fazer e seja interessante sua realização.
- Estabelecer desafios e metas alcançáveis e que, portanto, possam ser superados com o esforço e auxílio necessários.
- Oferecer auxílios adequados, no processo de construção dos alunos, aos progressos que este experimenta e aos obstáculos com os quais se depara.
- Promover a atividade autoestruturante a qual permita estabelecer o maior número de relações com o novo conteúdo, atribuindo-lhes significado no maior grau possível e fomentando os processos de **metacognição** que facilitem a obtenção do controle pessoal sobre seus conhecimentos e os próprios processos durante a aprendizagem.
- Estabelecer um ambiente e relações guiadas pelo respeito mútuo e pelo sentimento de confiança, que promovam a autoestima e o autoconceito.
- Promover canais de comunicação que regulem os processos de negociação, de participação e de construção.
- Estimular progressivamente a autonomia dos alunos no estabelecimento de objetivos, no planejamento das ações que os conduzirão aos objetivos, e em sua realização pessoal, possibilitando que aprendam a aprender.
- Valorizar os alunos segundo suas capacidades e seu esforço, considerando o ponto de partida e o processo por meio do qual adquirem conhecimentos, e incentivando a autoavaliação das competências como meio para favorecer as estratégias de controle e regulação da própria atividade.

A essas condições gerais cabe acrescentar as específicas dos conteúdos de caráter atitudinal, pois sua aprendizagem ainda requer uma reflexão mais profunda sobre as relações interativas que devem ser promovidas. Relações que, neste caso, estão determinadas tanto pelas características gerais desses conteúdos – como consequência da importância que seu componente afetivo possui – quanto pelas características próprias de cada um dos valores, das atitudes e das normas propostas.

O fato de que para a aprendizagem dos conteúdos atitudinais seja preciso articular ações formativas nas quais esses conteúdos sejam "vividos" pelos alunos obriga a aplicar em aula não apenas tarefas reais, mas, principalmente, formas específicas de realizá-las em um bom clima e com relações adequadas entre professores e alunos, e entre os próprios alunos. O ambiente geral, as valorizações transmitidas e as relações estabelecidas têm de traduzir os valores os quais se pretende ensinar. Dessa forma, se um dos valores que se pretende transmitir é a solidariedade, não basta promover atividades de debate e reflexão sobre comportamentos de cooperação em diferentes ambientes e bases sociais, mas será necessário vivenciar, em aula, em um clima de solidariedade onde existam possibilidades de agir segundo este princípio. Em parte, esse clima será resultado das imagens que os próprios professores transmitem.

Organização social da aula

A forma de estruturar os alunos em aula e a dinâmica grupal estabelecida configuram uma determinada *organização social* da aula, na qual as crianças convivem, trabalham e se relacionam conforme modelos nos quais o grande grupo, ou os grupos fixos e variáveis, permitem e contribuem de uma forma determinada com o trabalho coletivo e pessoal e com a sua formação.

O caráter fortemente procedimental das competências, a condição dos *conteúdos procedimentais* e o fato de os alunos realizarem a aprendizagem com estilos e ritmos diferentes obrigam a incluir, em primeiro lugar, atividades suficientes que permitam realizar as ações que detenham esses conteúdos tantas vezes quantas forem necessárias e, em segundo lugar, formas organizacionais que facilitem os auxílios adequados às necessidades específicas de cada um dos alunos.

Com vistas a poder oferecer este auxílio em função das características particulares de cada aluno, será preciso adotar, entre outras coisas, medidas organizacionais e meios materiais que facilitem uma atenção o mais individualizada possível: grupos fixos e móveis ou flexíveis, trabalho em duplas ou individual, propostas de atividades e disposição de materiais que permitam o trabalho progressivo e sistemático no exercício (indispensável para o domínio da estratégia, procedimento ou técnica).

A essas necessidades correspondentes à importância do componente procedimental das competências cabe acrescentar aquelas que derivam de seus outros componentes e da própria sequência de ensino delas. Dessa forma podemos concluir que a metodologia para as competências deve contemplar uma organização social da aula na qual coexistam, ao mesmo tempo:

- O *grande grupo* para o desenvolvimento de toda a dinâmica geral da sequência de atividades da unidade didática, especialmente no princípio, na apresentação da situação da realidade objeto de estudo e na identificação dos problemas que esta situação detém, bem como nas fases finais nas quais será necessário chegar a algumas conclusões.
- As *equipes heterogêneas fixas* para muitas das atividades das sequências nas quais a participação dos alunos e a necessidade de prestar auxílio ou estimular o diálogo são necessárias e convenientes, e nas quais a existência de uma formação, em pequenos grupos, preestabelecida facilita a gestão da aula. Ao mesmo tempo, é o meio mais apropriado para todos os conteúdos da área comum que estão relacionados à cooperação, ao auxílio entre iguais, à responsabilidade, à autonomia e à resolução de conflitos.
- As *equipes homogêneas ou heterogêneas flexíveis*, especialmente apropriadas para todo o trabalho sistemático de exercitação progressiva dos componentes procedimentais e do próprio esquema de atuação da competência. A diversidade no ritmo de aprendizagem destes conteúdos torna necessária a distribuição em pequenos grupos, sejam homogêneos ou heterogêneos, conforme a conveniência de realizar exercícios de diferentes níveis ou dependendo da necessidade de que alguns alunos com um menor domínio da competência ou procedimento ajudem os que têm um ritmo de aprendizagem mais lento.
- O *trabalho individual* para as atividades nas quais os alunos já são autônomos para o estudo, para a memorização, a exercitação, a aplicação, o esforço conceitual e o fenômeno da memória. Associado a este trabalho está a conveniência de utilizar a técnica de contrato didático, o qual permite o compromisso pessoal na realização dessas tarefas em função dos diferentes ritmos de aprendizagem.

A metodologia para a aprendizagem das competências deve contemplar uma organização social da aula nas quais coexistam: o grande grupo, as equipes heterogêneas fixas, as equipes homogêneas ou heterogêneas flexíveis e o trabalho individual.

Espaço e tempo

O tempo e o espaço são variáveis metodológicas fundamentais, pois um uso rígido de ambas pode impedir a aprendizagem de muitas das competências previstas.

No caso do ensino das competências, o tempo e o espaço convertem-se em variáveis metodológicas fundamentais, pois um uso rígido de ambas variáveis pode impedir a aprendizagem de muitas das competências previstas.

Se nos detivermos na sequência de atividades para o ensino das competências, veremos que, em seu conjunto, para seu desenvolvimento é necessária uma duração que exceda a uma hora. Na maioria dos casos, necessita-se de várias horas para completar toda uma sequência didática. Ao analisar as diferentes fases da sequência, veremos que algumas delas necessitam ser tratadas sem nenhuma interrupção. É o caso das fases iniciais, nas quais a negociação dos objetivos, o planejamento da situação da realidade, a identificação dos problemas que ela apresentar e a seleção das características do esquema de atuação mais apropriado dificilmente podem ser tratados em sessões separadas. O mesmo poderíamos dizer das fases de construção de esquemas de atuação, especialmente o componente conceitual, e as atividades de aprendizagem do componente procedimental, nas quais a apresentação do modelo, as primeiras atividades de exercitação e a introdução da base teórica para a reflexão no processo de exercitação devem ser realizadas em uma mesma sessão. Por outro lado, as atividades de exercitação metódica para o domínio do procedimento, dado o possível cansaço que podem produzir devido a seu caráter repetitivo, exigem sessões de curta duração. Dessa forma, o processo de aplicação da competência em diferentes contextos pode ser realizado em sessões diferenciadas, pois o objetivo-fim é o de que os alunos sejam capazes de utilizar a competência em qualquer momento no qual ela for necessária.

Em relação à variável espaço, deve contemplar-se a distribuição física da aula e a necessidade de utilizar outras áreas.

Em relação ao *espaço*, deveremos contemplar as características da distribuição física da sala de aula e a necessidade de utilizar outras áreas. A fórmula habitual de situar os alunos em filas dirigidas ao quadro é apropriada para as atividades das diferentes fases nas quais o professor deve se dirigir a todo o grupo de aula, seja para as fases iniciais da sequência, na apresentação dos modelos dos procedimentos que configuram a competência, nos momentos de conceituação, ou na reflexão sobre os componentes atitudinais. Por outro lado, para muitas das atividades de construção dos conteúdos conceituais e, especialmente no trabalho de exercitação, será imprescindível uma distribuição do espaço que se adapte às características da correspondente dinâmica grupal, sejam pequenos grupos homogêneos ou heterogêneos. Dessa forma, em função das competências ensinadas e das exigências da aprendizagem dos componentes conceituais ou procedimentais, será imprescindível a utilização de espaços diferentes de aula: biblioteca, sala de vídeo, pátio, bairro, etc.

Organização dos conteúdos

Diante da complexidade do ensino das competências, a questão, referente à organização dos conteúdos, é se a melhor estratégia é fazê-lo segundo uma lógica que provém da mesma estrutura formal das disciplinas, ou sob formas organizacionais centradas em modelos globais ou integradores.

Como vimos até aqui, o ensino das competências comporta que o objeto de estudo seja o problema de compreensão e de atuação no mundo real, em consequência toda intervenção pedagógica deve partir de questões e problemas da realidade que rodeia o aluno, o influencia e o afeta. Para responder a essas questões ou problemas será preciso utilizar instrumentos conceituais e técnicos procedentes das disciplinas; instrumentos os quais devem ser aprendidos rigorosamente e em profundidade se queremos que cumpram sua função. Todavia, esse rigor necessário somente pode ser produzido a partir da base de cada uma das disciplinas, e é aqui que surge o conflito: como podemos partir de problemas que as situações reais nos apresentam e ao mesmo tempo respeitar a estrutura e a organização lógica das disciplinas?

Se alterarmos os diferentes saberes ou materiais, corremos o risco de provocar erros conceituais ou procedimentais em sua aprendizagem. É imprescindível que os conteúdos disciplinares sejam apresentados e trabalhados atendendo à lógica definida pela matéria. Entretanto, embasar as atividades de ensino-aprendizagem em uma situação-problema real consiste somente no ponto de partida, de maneira que não afeta a lógica disciplinar de nenhuma matéria. A solução está no que podemos denominar *enfoque globalizador*, segundo com o qual a unidade de intervenção deveria partir, como dizíamos, de uma situação próxima à realidade dos alunos, que lhes sejam interessantes e que lhes apresentem questões às quais tenham que responder. Se isso de fato é assim, é possível organizar os conteúdos por disciplinas nas quais as atividades de aprendizagem se estruturem de acordo com a lógica das matérias, mas em cuja apresentação aos

> Em relação à organização dos conteúdos, trata-se de saber se a melhor estratégia é organizar as competências de acordo com a lógica formal das disciplinas ou sob formas organizacionais centradas em modelos globais ou integradores.

A solução se encontra no que podemos denominar enfoque globalizador, de acordo com ele toda a unidade de intervenção deveria partir de uma situação próxima à realidade do aluno, que lhe fosse interessante e que lhe propusesse questões que devam ser respondidas.

alunos, nas atividades iniciais, a justificativa dos conteúdos disciplinares não seja unicamente uma consequência da lógica disciplinar, mas sim o resultado de ter de responder a questões ou a problemas oriundos de uma situação que o aluno pode considerar próxima. Assim, nesse enfoque e a partir de uma organização em disciplinas fechadas, em aulas de matemática (e afins) se partiria de uma situação da realidade cuja solução exigisse o uso de recursos matemáticos; em aulas de língua, de uma situação comunicativa aproximada à realidade que deveria ser melhorada com o uso de instrumentos linguísticos; em aulas de ciências experimentais, de um problema de compreensão de um fenômeno mais ou menos cotidiano; em aulas de ciências sociais, dos problemas interpretativos derivados de um conflito social, etc.

No esquema do Quadro 10.2 podemos ver de que maneira se estruturam as atividades de ensino-aprendizagem nas diferentes áreas. Podemos ver que em cada área a sequência didática começa com a descrição de uma situação da realidade que apresenta diferentes questões e problemas que podem ser abordados a partir de diferentes pontos de vista. Em uma escola organizada de forma que cada disciplina ou matéria é ministrada por um professor diferente, nesse esquema se partirá de situações diferentes. A professora de matemática, por exemplo, mostrará uma situação da realidade em um problema a ser resolvido, no qual um grupo de *rock* precisa de um lugar para alugar. Os problemas que daí se deduzem são múltiplos, mas como nos encontramos em uma aula de matemática somente nos deteremos naqueles aspectos ou problemas que são "matematizáveis": espaço, investimento, custos fixos e variáveis, consumo, financiamento, rentabilidade, etc. Na aula de língua, o professor proporá um debate sobre uma situação que surgiu na escola e que provocou um mal-estar entre os professores, pais e alunos. Depois do debate, decide-se buscar uma solução por meio da elaboração de um documento o qual ajude a compreender as posições das partes envolvidas. O professor utiliza essa situação para realizar uma série de atividades relacionadas às competências linguísticas dos alunos e com aspectos morfossintáticos. Cada um dos professores seguirá o mesmo esquema na área que lhe corresponda: situação da realidade, proposição de questões, utilização de instrumentos e recursos disciplinares, formalização segundo os critérios científicos da disciplina e aplicação a outras situações para facilitar a generalização e o domínio dos conceitos e das habilidades aprendidas.

Cada professor deve seguir em sua área o seguinte esquema: situação da realidade, proposição de questões, utilização de instrumentos e recursos disciplinares, formalização segundo os critérios científicos da disciplina e aplicação a outras situações para facilitar a generalização e o domínio dos conceitos e das habilidades aprendidas.

QUADRO 10.2 Enfoque globalizador em cada uma das áreas curriculares

Situação Realidade A	Situação Realidade B	Situação Realidade C	Situação Realidade D	Situação Realidade E
Problemas.	Dilemas comunicativos.	Questões.	Conflitos.	Contrastes.
Recursos matemáticos.	Instrumentos linguisticos.	Meios "científicos".	Recursos "sociais".	Instrumentos expressivos.
Formalização (matemáticas).	Formalização (língua).	Formalização (ciências experimentais).	Formalização (ciências sociais).	Formalização (artísticas).
Aplicação a outras situações.	Aplicação a outras situações.	Aplicação a outras situações.	Aplicação a outras situações.	Aplicação a outras situações.
Revisão integradora.	Revisão integradora.	Revisão integradora.	Revisão integradora.	Revisão integradora.

A última fase do esquema se refere às relações entre as diferentes variáveis que interferem em toda a situação, ou seja, consiste em uma atividade na qual as crianças, voltando à situação de partida, devem relacionar os problemas abordados a partir de uma única perspectiva disciplinar com outros problemas implicados nessa situação e que foram ignorados. O inconveniente que representa uma organização fundamentalmente disciplinar, apesar de se tentar partir de um enfoque globalizante, é o perigo de não introduzir o maior número de relações, e de se limitar à base de cada disciplina e à situação real de partida, de maneira que se deixem de lado as relações e os vínculos entre os conteúdos das diferentes disciplinas; os que permitem que cada vez mais os alunos enriqueçam suas estruturas de conhecimento com esquemas interpretativos suficientemente complexos.

Considerando que o ensino das competências exige um enfoque globalizador em cada uma das áreas curriculares, quando é um mesmo professor o que ministra todas as áreas, a forma mais efetiva de realizar esse enfoque é o emprego de uma metodologia globalizadora. Existem diversos métodos que podem ser considerados globalizadores: os centros de interesse de Decroly, o sistema de complexos da escola de trabalho soviética, os complexos de interesse de Freinet, o sistema de projetos de Kilpatrick, a pesquisa do meio do MCE, o currículo experimental de Taba, o trabalho por tópicos, os projetos de trabalho, etc.

Existem diversos métodos que podem ser considerados globalizantes, a diferença fundamental entre eles está na intenção do trabalho que deve ser realizado e nas fases que devem ser seguidas.

> Os métodos globalizantes permitem que as aprendizagens sejam as mais significativas possíveis e, ao mesmo tempo, resultem em finalidades que apontem à formação de cidadãos que compreendam e participem em uma realidade complexa.

Todos os sistemas apresentados no Quadro 10.3 partem de uma situação "real": conhecer um tema, realizar um projeto, resolver as questões ou elaborar um dossiê. A diferença fundamental entre eles está na intenção do trabalho que deve ser realizado e nas fases que devem ser seguidas.

Os métodos globalizadores permitem que as aprendizagens sejam as mais significativas possíveis e, ao mesmo tempo, resultem em finalidades que apontem à formação de cidadãos que compreendam e participem em uma realidade complexa.

Materiais curriculares

Os materiais curriculares são especialmente importantes nas diferentes formas de intervenção, tanto para a comunicação da informação, ajuda nas exposições, a proposta de atividades, a experimentação, a elaboração, a construção do conhecimento, quanto para a exercitação e aplicação.

Os materiais devem ajudar a construir situações da realidade que serão os pontos de partida das sequências didáticas, conter exercícios sequenciados e serem flexíveis para se adaptar aos diferentes ritmos de aprendizagem.

> É necessária a existência de materiais curriculares variados e diversificados os quais permitam que cada professor elabore seu projeto de intervenção específico, adaptado às necessidades de sua realidade educacional e de seu caráter profissional.

Segundo os critérios os quais defendemos para um ensino baseado em competências, os materiais devem ajudar a construir situações da realidade que serão os pontos de partida das sequências didáticas, contendo exercícios sequenciados e devem ser flexíveis para se adaptar aos diferentes ritmos de aprendizagem. Uma das conclusões de análise dos recursos didáticos e de sua utilização é a necessidade da existência de materiais curriculares *variados e diversificados* que, como peças de uma construção, permitam que cada professor elabore seu projeto de intervenção específico, adaptado às necessidades de sua realidade educacional e de seu caráter profissional. Quanto mais variados e mais diversificados forem os materiais, mais fácil será a elaboração de propostas singulares. Assim, em vez de propor unidades didáticas fechadas, os projetos de matérias curriculares para os alunos têm de oferecer uma grande variedade de recursos os quais possam se integrar em unidades construídas pelos próprios professores, firmando-se nas demandas específicas de seu contexto educacional.

As unidades didáticas devem cobrir as demandas educacionais de um determinado grupo de alunos, em relação aos diversos tipos de conteúdos, e devem contemplar as ativida-

QUADRO 10.3 Exemplo de métodos globalizantes

	Ponto de Partida	Intenção		Fases
Centros de Interesse	Situação real.	Tema que deve ser conhecido.	• Observação.	Associação: • Espaço. • Tempo. • Tecnologia. • Causalidade. Expressão.
Método de Projetos	Situação real.	Projeto que deve ser realizado.	• Intenção. • Preparação.	• Execução. Avaliação.
Projetos (Pesquisas do Meio)	Situação real.	Perguntas ou questões.	• Motivação. • Perguntas.	• Suposições ou hipótese. • Medidas de informação. • Recolha de dados. • Seleção e classificação. • Conclusões. Expressão e comunicação. Avaliação.
Projetos de Trabalho Global	Situação real.	Elaboração de um dossiê.	• Escolha do tema. • Planejamento.	• Busca de informação. • Tratamento da informação. • Desenvolvimento do catálogo. Novas perspectivas.

des de aprendizagem precisas que os possibilitem. No entanto, os materiais curriculares não podem garantir por si só a aquisição dos objetivos educacionais previstos nas unidades didáticas. A qualidade dos materiais estará determinada pelo uso que deles se faça e por sua capacidade para se integrar em múltiplas e diversas unidades didáticas as quais considerem as características dos diferentes contextos educacionais. Dessa perspectiva, os materiais não cumprem uma função diretiva, mas ajudam a desenvolver as atividades de ensino-aprendizagem propostas pelos professores, conforme as necessidades específicas de um grupo de aprendizagem.

Assim, os materiais devem se converter em uma ajuda para os professores, uma fonte de recursos para abordar as diferentes competências desde as características diferenciais dos contextos educacionais e dos diversos ritmos de aprendizagem dos alunos, segundo os diferentes tipos de conteúdos e estratégias de aprendizagem específicas para cada um deles. Será preciso prtoporcionar para os professores um grande número de materiais os quais permitam considerar essas diferenças e que possam ser integradas em múltiplas combinações que possibilitem a elaboração de uma grande variedade de unidades didáticas.

Outro dos requisitos dos materiais é que contemplem, entre outras coisas, as necessidades de aprendizagem segundo a especificidade tipológica de cada conteúdo. Neste sentido, deve-se ser muito precavido, pois uma proposta desse tipo representa um grande perigo: a perda de relevância das aprendizagens, ou seja, o perigo de que muitas delas, especialmente as referidas a conteúdos factuais e procedimentais, sejam trabalhadas de maneira puramente mecânica, desvinculadas de outros conteúdos, sejam conceituais ou atitudinais, os quais lhe dão sentido; e o risco de que a necessária exercitação de muitos dos conteúdos de aprendizagem os transformem em exercícios rotineiros os quais perdem a razão fundamental para a qual foram desenvolvidas. Consequentemente, embora seja muito conveniente a existência de materiais específicos para conteúdos de aprendizagem muito reais, qualquer material curricular tem de estar integrado a um projeto global o qual contemple o papel de cada um dos diferentes materiais propostos segundo os objetivos determinados de uma ou mais áreas e/ou uma ou mais etapas educacionais.

Avaliação

Finalmente, nos referimos ao objeto e ao papel de avaliação, entendida tanto no sentido mais restrito de controle dos resultados de aprendizagem obtidos, quanto de uma concepção global do processo de ensino-aprendizagem. Seja qual for o sentido adotado, a avaliação sempre incide nas aprendizagens e, por conseguinte, é uma peça chave para determinar as características de qualquer metodologia. A maneira de valorizar os trabalhos, o tipo de desafios e auxílios propostos, as manifestações das expectativas depositadas, os comentários ao longo do processo, as valorizações informais sobre o trabalho realizado, a maneira de dispor ou distribuir os grupos, etc., são fatores estreitamente relacionados à concepção que se tem da avaliação, e que têm, embora muitas vezes de maneira implícita, uma forte carga educacional que a converte em uma das variáveis metodológicas mais determinantes.

Devido a todas essas razões, no Capítulo 11 analisaremos a avaliação com a profundidade merecida.

> A avaliação é uma peça chave para determinar as características de qualquer metodologia.

NA PRÁTICA

Enfoque globalizador e metodologia globalizada

Para ilustrar as implicações metodológicas no ensino de competências, revisaremos as sequências didáticas, em primeiro lugar, em duas áreas de Ensino Médio a partir de um enfoque globalizador, mas sem nenhum trabalho conjunto com outras áreas. Em segundo lugar, mostraremos um exemplo de uso de uma metodologia globalizador no ensino fundamental, no qual se trabalham de forma indistinta conteúdos de diversas áreas.

Enfoque globalizador por áreas

	Sequência Didática em Língua	Sequência Didática em Ciências Naturais
Sequência didática geral	Ensino Médio Tema: encontrar trabalho não é fácil. Objetivo didático: a partir da análise das capacidades pessoais, utilizar as diferentes habilidades linguísticas com vistas a elaborar de forma sistemática uma simulação de processo de obtenção de trabalho.	Ensino Médio Tema: seu pai não é sua mãe. Objetivo didático: aplicar o conhecimento do código genético e a especificação do DNA para extrair as conclusões sobre seu papel na determinação das características hereditárias e, entre elas, as de paternidade.
Situação da realidade Problemas ou questões	*1. Motivação* Muitos alunos apresentavam dificuldades na aprendizagem e falta de interesse pelo estudo e haviam manifestado a intenção de abandonar a escola para buscar trabalho. A partir desse interesse se propõe simular o processo que conduz à obtenção de um trabalho. *2. Apresentação do objeto de estudo em sua complexidade* Com esta finalidade se realiza uma atividade em pequenos grupos sobre todos aqueles aspectos que é necessário conhecer, sobre o que implica buscar um trabalho: desde conhecer a situação do mercado, as	*1. Motivação* A partir de uma série de notícias de jornal que tratam de testes de paternidade para a identificação do parentesco de homens que não reconhecem seus filhos, ou em casos de crianças separadas de seus pais à força, apresentam-se problemas relacionados à falta de aceitação da paternidade e os meios para reconhecê-la. *2. Apresentação do objeto de estudo em sua complexidade* Dos dois grandes temas que surgiram, escolhe-se centrar especialmente no relacionado à não aceitação da paternidade, algo que provoca uma série de problemas de caráter ético e social. A partir do debate sobre

(continua)

(Continuação)

	Sequência Didática em Língua	Sequência Didática em Ciências Naturais
	ofertas e as demandas, os próprios conhecimentos e habilidades, até as dificuldades que surgem para dar a conhecer as próprias qualidades para um determinado lugar de trabalho.	as diferentes notícias, os alunos manifestam suas opiniões sobre o compromisso dos pais em relação aos filhos e as consequências dessa falta de aceitação para o filho e a mãe.
	3. *Processo de análise: identificação e explicação das diferentes questões que o conhecimento e a intervenção apresentam na realidade* Este trabalho em pequenos grupos, sua apresentação comum e a posterior classificação das questões propostas permitem sistematizar todas as variáveis e as dimensões que conseguir um trabalho.	3. *Processo de análise: identificação e explicitação das diferentes questões que o conhecimento e a intervenção apresentam na realidade* As questões éticas são as que nesse momento estão interessando mais os alunos. O professor procura ampliar a visão do problema e promove um trabalho em equipe, o qual consiste em descobrir todos os fatores que intervêm sem deixar a margem os meios que podem ser utilizados para reconhecer a paternidade.
Como resolvê-los?	4. *Delimitação do objeto de estudo* Entre todos os aspectos identificados decide-se centrar nos relacionados às trocas comunicacionais derivadas do processo de obtenção de trabalho: leitura de ofertas de emprego, redação de uma carta de intenções, currículo, entrevista, etc.	4. *Delimitação do objeto de estudo* Depois de contrastar as contribuições de cada uma das equipes, o professor propõe mover o tema de caráter ético e as consequências no âmbito social para o professor da área de sociais, para que auxiliem a responder às questões surgidas, enquanto em sua aula os alunos se dedicarão a trabalhar especialmente sobre os testes de identificação da paternidade.
Seleção do esquema de atuação	5. *Identificação dos instrumentos conceituais e metodológicos os quais podem ajudar a responder os problemas* A simulação do processo representa a análise dos diferentes instrumentos e das diver-	5. *Identificação dos instrumentos conceituais e metodológicos os quais podem ajudar a responder os problemas propostos* Uma vez identificado o tema, o professor solicita aos alunos que, a partir da informação que

(continua)

Enfoque globalizante por áreas (Continuação)		
	Sequência Didática em Língua	**Sequência Didática em Ciências Naturais**
	sas formas textuais que vão surgindo, das características de cada um deles e das diferentes exigências de conhecimento, tanto dos aspectos mais formais quanto dos estritamente comunicativos.	já possuem sobre genética, pensem nos meios mais seguros que poderiam ser utilizados para determinar a paternidade. Da revisão do conhecimento adquirido aparece como meio possível a informação trazida pelo DNA. Para que seja possível compreender as características e a incidência do DNA, o professor sugere que sejam realizadas atividades de simulação e outras experimentações em laboratório.
Processo de aprendizagem do esquema de atuação e de seus componentes	6. *Utilização do saber disciplinar ou dos saberes disciplinares para chegar a um conhecimento parcial* Cada um dos alunos elabora uma sequência do processo de busca a partir de um suposto trabalho real, de maneira que terá de realizar uma série de atividades comunicativas e seus textos correspondentes. Os alunos deverão reconhecer as características, ver modelos e realizar diversas propostas para cada uma das diferentes formas textuais.	6. *Utilização do saber disciplinar ou saberes disciplinares para chegar a um conhecimento parcial.* As atividades realizadas no grande e no pequeno grupo, segundo a natureza do trabalho, permitem que se disponha de informação sobre muitas das perguntas formuladas, por meio da análise de uma característica genética, ou seja, a aplicação do conhecimento do código genético e da especificação do DNA.
Aplicação do esquema de atuação na situação da realidade objeto de estudo	7. *Integração das diferentes contribuições e reconstrução* Estas atividades permitirão descobrir os elementos comunicativos que aparecem, suas constantes, as condições, os critérios e as pautas para sua elaboração, e reconhecer suas habilidades e suas competências linguísticas.	7. *Integração das diferentes contribuições e reconstrução* Do resultado da informação recolhida é possível extrair as conclusões sobre o papel do DNA na determinação das características hereditárias e, entre elas, as da paternidade. Essa informação provoca, ao mesmo tempo, o interesse sobre as implicações legais que o conhecimento da informação genética provoca e a necessidade de buscar informação a respeito.

(continua)

(Continuação)

	Sequência Didática em Língua	Sequência Didática em Ciências Naturais
Aplicação do esquema de atuação em situações diversas	8. *Visão global e ampliada* Este trabalho permitiu que os alunos se detivessem em um dos aspectos de busca de trabalho. Agora chegou o momento de retomar os aspectos mais gerais do que representa o mundo do trabalho e relacioná-los com algumas questões que haviam surgido em princípio.	8. *Visão global e ampliada* Este último interesse permite ao professor voltar às notícias iniciais os quais geraram todo o trabalho, e relacioná-lo aos problemas éticos que surgem não apenas pelos fatos reais de não aceitação da paternidade, mas também pelos derivados dos possíveis usos das novas contribuições da ciência.
Sequência didática na língua	9. *Estratégias de memorização* As conclusões extraídas sobre as características dos diferentes meios de comunicação linguística possibilitaram seu conhecimento, mas os exercícios realizados não são suficientes para seu domínio. Posteriormente, terão de realizar outros tipos de exercícios e atividades que auxiliem a reforçar este conhecimento e a aplicá-lo diante de novas oportunidades de trabalho.	9. *Estratégias de memorização* A partir do estudo das conclusões estabelecidas e anotadas nos apontamentos particulares de cada estudante e uma série de exercícios de aplicação das técnicas utilizadas, serão realizadas uma prova escrita e outra em laboratório. Periodicamente, a professora realizará sessões de sínteses temáticas das quais recolherá as conclusões que os alunos formularam ao longo do estudo.

Metodologia globalizadora

Sequência didática geral	**Ensino Fundamental** Tema: o guia turístico de minha cidade Áreas: ciências da natureza, ciências sociais, matemática, língua, artes plásticas e música. Objetivo didático: conhecer a realidade e as características de minha cidade e valorizar a importância da participação dos cidadãos em sua conservação e seu desenvolvimento. Método: a metodologia utilizada integra diferentes métodos globalizados: por um lado, a tarefa prioritária é a realização de um guia turístico o qual siga o modelo do método de projetos; por outro lado, cada um dos temas que configuram o guia podem ser entendidos como um centro de interesse, embora a sequência de atividades na maioria dos casos siga o esquema de pesquisa do meio.
Situação da realidade	1. *Motivação* No ano anterior, durante as colônias de férias, os alunos observaram que, ao chegarem ao destino, lhes era

(continua)

Metodologia globalizadora (*Continuação*)

	entregue um guia turístico local. Algumas das crianças perguntavam se eles tinham algum guia de sua cidade, sem poder confirmar sua existência. Essa carência faz com que o professor pense que a elaboração de um guia turístico de sua cidade possa ser um bom projeto no qual possam facilmente ser incluídos muitos dos conteúdos previstos para trabalhar durante o ano, e propõe que esta seja uma das atividades fundamentais durante todo o ano letivo.
Problemas ou questões	2. *Apresentação do objeto de estudo em sua complexidade* Uma vez entusiasmados com a ideia, a primeira pergunta é: quais conteúdos o guia deve ter?, e isso faz com que considerem a função de um guia. O professor pede que os alunos aproveitem o fim de semana para trazer alguns guias turísticos de casa ou, se saírem com a família, do lugar em que visitarem. A partir da análise dos guias e de sua função, determinam as características e os conteúdos que o seu deve ter.
Como resolvê-los?	3. *Processo de análise: identificação e explicitação das diferentes questões que o conhecimento e a intervenção na realidade apresentam, e delimitação do objeto de estudo* O índice do guia é feito em partes que se referem aos aspectos básicos de qualquer lugar: a paisagem, a vegetação, a história, a Administração e os serviços, os monumentos, o comércio, as tradições, os costumes, etc. Cada um deles constituirá um capítulo para cuja elaboração será necessária a realização de um conjunto de buscas vinculadas a diferentes questões. Em primeiro lugar, será preciso confeccionar o plano para passar posteriormente a realizar, tema por tema, as pesquisas que permitam escrever cada uma das seções do guia.
Escolha do esquema de atuação	4. *Identificação dos instrumentos conceituais e metodológicos os quais podem auxiliar a responder os problemas propostos* A programação do projeto de elaboração se estenderá ao longo do ano, a confecção das respectivas partes do guia ocupará de três a quatro semanas. Cada uma das partes será apresentada como uma pesquisa do meio na qual se determinem as perguntas para as quais uma resposta deve ser dada, quais são seus pressupostos ou suas hipóteses, os instrumentos que devem utilizar e os meios para obter a informação.
Processo de aprendizagem do esquema de atuação e de seus componentes	5. *Utilização do saber disciplinar* Conforme com as características dos diferentes temas, cada uma das disciplinas adquirirá uma maior ou menor importância. De modo principal, os aspectos instrumen-

(*continua*)

(Continuação)

	tais da língua – ler, escutar e falar – serão as constantes no desenvolvimento de cada uma das pesquisas, considerando a compreensão e a produção de diversos textos orais e escritos segundo as diferentes intenções comunicativas. Cada um dos temas está relacionado ao conhecimento do meio, de maneira que os conteúdos da área sejam tratados em toda sua extensão utilizando atividades de exploração bibliográfica, de trabalho de campo, de pesquisa experimental ou de exposição e visão de documentos audiovisuais. A matemática será necessária em todas seções, seja para o cálculo, para a representação gráfica do espaço, para expressar ou para interpretar dados estatísticos, etc. A expressão artística, especialmente a gráfica, será imprescindível para a utilização do mural ou em cada um dos dossiês os quais serão realizados, e para o projeto e realização efetiva dos guias turísticos de cada aluno. No que diz respeito à música, se trabalhará ao longo do ano em um capítulo dedicado especialmente às canções e às danças tradicionais, bem como às atividades musicais de todo o tipo celebradas pela população.
Aplicação do esquema de atuação na situação da realidade objeto de estudo	6. *Integração das diferentes contribuições e reconstrução* As atividades realizadas e os conhecimentos aprendidos em cada um dos temas tratados serão objeto das conclusões e das sínteses correspondentes, nas quais todas as contribuições disciplinares se complementarão para dar uma visão conjunta de cada um dos temas.
	7. *Visão global e ampliada* O conjunto de conclusões extraídas terá de ser resumido para que o guia seja ágil. Essa tarefa obrigará a selecionar aqueles aspectos principais de cada um dos temas em função de sua importância como aspecto determinante das características do local. A proposta que cada equipe deverá realizar e o debate correspondente sobre os aspectos chaves aí incluídos serão o melhor meio para construir a imagem pessoal sobre a população. No último mês do ano se realizará, na prefeitura da cidade, uma exposição o qual apresentará os murais sobre cada tema, os materiais obtidos e os guias de cada um dos alunos da classe.
Aplicação do esquema de atuação em situações diversas	8. *Estratégias de memorização* Durante todo o ano foram sendo incluídos no caderno de cada aluno os exercícios e as observações realizadas, mas, sobretudo, as conclusões de cada tema. Essas conclusões terão que ser revisadas periodicamente para responder às atividades de avaliação conjunta dos conhecimentos adquiridos, o processo seguido e o nível de participação obtido pelos alunos. Ao mesmo tempo, na oficina específica de cada área serão realizadas sistemáticas de aplicação e exercitação dos conteúdos conceituais e procedimentais trabalhados.

Avaliar competências é avaliar processos na resolução de situações-problema

11

Conhecer o nível de domínio que os alunos adquiriram de uma competência é uma tarefa bastante complexa, pois implica partir de situações-problema as quais simulem contextos reais e dispor dos meios de avaliação específicos para cada um dos componentes da competência.

A avaliação de competências é substancialmente diferente da avaliação de outros conteúdos de aprendizagem?

Analisar as consequências da avaliação em uma educação baseada em qualquer aprendizagem de competências representa uma revisão de todas as competências relacionadas a ela. Para que deve servir a avaliação e quem, e quais, devem ser os sujeitos e objetos de estudo? A avaliação dever servir para punir o aluno segundo os objetivos adquiridos ou para valorizá-los? Ou talvez, deva servir para auxiliar o aluno, estimulá-lo, conhecer de que forma aprende ou quais são suas dificuldades ou suas melhores estratégias de aprendizagem, melhorar o processo de ensino, conhecer a conveniência de alguns conteúdos sobre outros ou a metodologia utilizada, ou para tudo isso ao mesmo tempo? A avaliação da aprendizagem de competências, ao menos inicialmente, repõe a uma das perguntas, a que se refere aos conteúdos da avaliação; no entanto, de que forma esta decisão varia ou condiciona as outras questões?

A avaliação na escola deve se dirigir a todo o processo de ensino e de aprendizagem e, portanto, não apenas aos resultados que os alunos obtiveram, mas a qualquer uma das três variáveis fundamentais as quais intervêm no processo de ensino e aprendizagem, ou seja, as atividades que os professores promovem, as experiências que os alunos realizam e os conteúdos de aprendizagem, pois as três são determinantes para a análise e a compreensão de tudo o que ocorre em qualquer ação formativa. Consequentemente, entender a avaliação como um processo no qual apenas se analisa a aprendizagem dos alunos, mas também as atividades de ensino, significa incrementar notavelmente a complexidade dos meios e as estratégias para conhecer uma unidade de intervenção pedagógica e as consequências de todas as ações que nela ocorrem. Trata-se de um processo avaliativo cuja complexidade, como veremos, incrementa-se enormemente quando o objetivo da aprendizagem consiste na aquisição e no domínio de competências.

A avaliação das competências é limitada pelo caráter seletivo da escola

Estamos sob a influência da história e, de forma geral, do papel que ela teve na educação formal.

O primeiro passo, antes de entrarmos na complexidade do processo avaliativo, é reconhecer que somos influenciados pela história do ensino e, de modo geral, pelo papel que ela teve na educação formal. Como vimos nos capítulos anteriores, durante décadas a escola cumpriu a função de selecionar os "melhores" em seu caminho em direção à universidade. No entanto, dado que nem toda a população pode, quer, ou necessita ser universitária, é necessário dispor de instrumentos que, do modo mais objetivo possível, identifiquem os alunos os quais podem obter êxito nesse percurso até o Ensino Superior. Com vistas a reconhecer os que dispõem de maiores aptidões para triunfar nesse caminho, será necessário utilizar, desde os primeiros anos de escolarização, instrumentos e estratégias que permitam identificar os universitários potenciais. Assim, desde as mais tenras idades se realizarão, de forma sistemática, provas periódicas para conhecer as possibilidades de cada aluno. Atendendo a essa **função seletiva**, as atividades para adquirir informação sobre as aprendizagens escolares podem ser bastante simples. Por fim, o que interessa saber simplesmente é se os alunos sabem ou não. Tratam-se de provas as quais, geralmente, consistem na resposta por escrito sobre o conhecimento disponível sobre um tema ou na resolução de exercícios e problemas mais ou menos padronizados. Age-se assim porque os conteúdos de aprendizagem, centrados nos conhecimentos ou em procedimentos esteriotipados, permitem pensar que esta é a forma mais eficaz para saber se aprendeu-se.

As provas de vestibular condicionam todas as demais, de forma que o que se avalia converte-se no verdadeiro conteúdo de ensino. Conteúdos os quais podem ser avaliados por meio de uma prova escrita e em um tempo limitado, deixando muitos conteúdos importantes de fora.

Em um modelo baseado, até agora, na superação dos diferentes estados ou etapas nesse caminho até a universidade, as provas de vestibular condicionam todas as anteriores, de forma que o que se avalia em todas elas se converte nos verdadeiros conteúdos de ensino. O que é importante ensinar e aprender não são os conteúdos indispensáveis para iniciar um curso universitário, mas os que podem ser avaliados por meio de uma prova escrita e em um tempo limitado. Uma prova projetada para facilitar a correção posterior. Como resultado, nos encontramos com verdadeiros atentados ao próprio conhecimento universitário, pois os conteúdos que são mais complexos, que exigem um maior grau de compreensão ou cujo domínio não se pode reconhecer por meio de atividades de expressão escrita não são avaliados e, consequentemente, são, de modo implícito, menosprezados ou eliminados como conteúdos de ensino. Um claro exemplo dessa situação é a inexistência, nas provas de vestibular, de atividades avaliativas das capacidades de expressão e comunicação oral ou as relacionadas à capacidade de pesquisa.

Seguindo essa lógica, os conteúdos ficam reduzidos àqueles que, apesar de não serem os mais relevantes, são aparentemente avaliáveis por meio de provas escritas, em um tempo limitado e com um maior ou menor grau de estresse.

O processo avaliativo reduzido a provas escritas

A essa função seletiva dos conteúdos de ensino a qual deve ser priorizada, assumida por provas de vestibular, cabe acrescentar, de forma quase decisiva, o caráter finalista de qualquer prova ou exame, tornando a superação de provas o verdadeiro objetivo do ensino. De modo que, o que é somente um meio para adquirir informação sobre as aprendizagens obtidas se torna a própria finalidade do ensino, condicionando todas as etapas anteriores. A escola se torna uma caricatura de si mesma ao se converter em um verdadeiro curso de obstáculos no qual o substancial não é o conteúdo de aprendizagem, mas a aprovação nos exames. Afirmação fácil de verificar, não apenas atendendo ao pensamento dos alunos menos aplicados, como também a opinião da maioria dos professores. Consequentemente, as estratégias de aprendizagem mobilizadas não consistem na compreensão profunda dos correspondentes conteúdos, mas na utilização de recursos de aprendizagem os quais consistem na retenção, mais ou menos, mecânica e a curto prazo de enunciados ou modelos que se transformarão nas futuras provas, e para, uma vez conhecidos os resultados da prova, caso sejam positivos, esquecer rapidamente a maioria dos conhecimentos aprendidos.

Outra qualidade é o caráter finalista de qualquer prova ou exame que faz com que o verdadeiro objetivo do ensino seja a superação de provas.

Assim, formou-se a opinião generalizada de que as provas convencionais são apropriadas para todos os tipos de conteúdos de ensino, embora, como veremos a seguir, somente o sejam para alguns deles, de modo geral para os de caráter factual. Se a isso acrescentarmos a importância atribuída aos conhecimentos, atestaremos que para a maioria da população, incluídos aí os meios de comunicação e, o que é pior, para um grande número de profissionais do ensino, a avaliação é associada a uma prova a qual pretende

São características implícitas e imexíveis da avaliação tradicional: a impressão generalizada de que as provas convencionais são apropriadas para todo tipo de conteúdos de ensino; a recolha em programas dos princípios de uma escola seletiva e orientada para a universidade e o uso generalizado da nota como incentivo básico para o estudo.

simplesmente reconhecer se o aluno sabe ou não alguns conteúdos, de modo geral, conceituais, tudo isso por meio de simples provas escritas.

Outros dos aspectos implícitos e imexíveis da avaliação tradicional são o papel e as características dos programas, os quais abrigam, com toda a lógica, os princípios de uma escola seletiva e orientada para a universidade. Efetivamente, se a função da escola é selecionar os mais preparados, parece lógico que os elementos chave de todo o programa, os itens correspondentes aos conteúdos avaliados, a forma como são avaliados e os referentes que são utilizados para isso sejam coerentes com essa função. Desse modo, todo programa tem uma lista de itens, logicamente associados a disciplinas, os quais por sua vez são matérias selecionadas com critérios relacionados à sua atinência a estudos superiores, e para cada disciplina existe uma avaliação em função dos objetivos padrão que de algum modo representam uma leitura simplificada sobre se os alunos sabem ou não sabem.

No modelo seletivo tradicional, toda complexa trama do que acontece em aula é reduzida, finalmente, a uma nota a qual pretende representar toda a riqueza do processo de ensino e aprendizagem. Uma simples escala de 0 a 10 serve para indicar os alunos que conseguiram superar o 5 e que tem muitas possibilidades de alcançar a universidade e os que estão abaixo deste índice, que, seguindo nessa direção dificilmente chegarão às provas de vestibular. A tudo isso, cabe acrescentar o uso generalizado da nota como incentivo básico para o estudo. A nota obtida por meio do exame é o meio fundamental para que o aluno realize o esforço necessário em seu processo de aprendizagem, ignorando o conhecimento científico o qual apresenta a ideia de que para o aprofundamento das aprendizagens é necessário que elas sejam as mais significativas possíveis, para que o aluno atribua sentido à tarefa que deve realizar. Isso acontecerá de tal modo que o esforço imprescindível a qual toda aprendizagem exige não seja alheio ao conteúdo e, portanto, a questão não se reduza a aprovar ou não aprovar, mas a conseguir e assimilar um conteúdo de aprendizagem julgado pelo aluno como indispensável para seu desenvolvimento pessoal.

Essa longa tradição de provas escritas e avaliações quantitativas padrão influenciar de forma negativa nos processos avaliativos, impedindo a busca de alternativas que vão além da aquisição de informação sobre os resultados de aprendizagem dos alunos em relação a conteúdos geralmente de caráter conceitual. Tal é o peso da história que inclusive as avaliações de âmbito internacional e de prestígio, como as da Organização para Cooperação e Desenvolvimento Econômico (OCDE) para o programa Internacional de Avaliação de Alunos (PISA), estão condicionadas a provas escritas. De maneira que, apesar de o objetivo ser conhecer, por exemplo no caso da língua, o domínio de competências linguísticas, as provas se reduzam a fórmulas nas quais o meio escrito seja adequado, em vez de subordinar o meio ao se quer conhecer e valorizar. Assim, apesar de os esforços para elaborar provas que partam de contextos mais ou menos reais, ao final o que é avaliado é somente o que se pode avaliar com uma prova escrita.

> A longa tradição de provas escritas e avaliações quantitativas influencia de forma negativa sobre os processos avaliativos, chegando inclusive a condicionar avaliações de prestígio e de âmbito internacional, como é o caso das provas da OCDE para o programa PISA.

A avaliação de competências, um exercício de prospectiva

Dado que a competência se define como a resposta eficiente diante de uma situação real, palpável e em um lugar e momento determinados, podemos concluir facilmente que a avaliação de competências, propriamente dita, é impossível se não se realiza no mesmo momento em que a circunstância apresentada exige ser competente. Como vimos até aqui, ensinar competências, do mesmo modo que qualquer tipo de ensino em âmbito escolar, sempre significa pensar no futuro. Quase nunca se ensina algo pensando somente no presente. Além disso, o presente, na maioria dos casos, é somente o meio para o futuro. A educação sempre se define com a intenção de formar para um amanhã mais ou menos distante, especialmente quando se propõe de forma explícita *formar para a vida*. Quando projetamos um ensino baseado em objetivos educacionais os quais pretendem a formação em competências, estamos fazendo um exercício de prospecção: pensar nos problemas que a vida vai apresentar para os alunos no futuro e formá-los com a intenção de que sejam capazes de responder da forma mais eficaz possível situações dificilmente previsíveis e de natureza diversificada. Apesar da dificuldade, este é, e sempre foi, o principal empenho da educação.

Chegar à conclusão de que as competências não são avaliáveis na escola seria como negar qualquer avaliação sobre qualquer tipo de conteúdo, pois, em princípio, a avaliação na educação deve ser o meio para reconhecer a capacidade de um aluno para aplicar o que pretende em situações reais. Não se ensina o cálculo, a escrita ou qualquer outro conteúdo escolar não se pensando em que os alunos os aplicarão fora da escola. A inversão do sentido da avaliação no ensino representou que este fosse entendido somente como meio de conhecer a competência adquirida na resolução de provas padronizadas e, portanto, que o único objetivo do ensino possível na escola seja somente aquele que possa ser avaliado em uma prova escrita.

O fato de querer abordar o verdadeiro sentido da educação e de que por sua forma, em sua realização, o chamemos de competências significa assumir a complexidade de um ensino para a vida; complexidade que, obviamente, também se reflete no processo avaliativo. Quando decidimos que queremos avaliar competências, estamos dizendo que reconheceremos a capacidade que um aluno adquiriu para responder a situações mais ou menos reais, problemas ou questões que têm muitas probabilidades de chegar a encontrar, embora seja evidente que nunca do mesmo modo em que foram aprendidos.

As combinações de problemas e contextos podem ser infinitas, por isso é lógico que a escola não pode prever todas essas situações. Está claro que a escola, ao se definir como o meio para ajudar a responder às questões que a vida apresenta, entende que seu trabalho não é o de oferecer soluções para cada um dos problemas com os quais supostamente os alunos se depararão, mas indicar uma intenção, a de realizar um trabalho sistemático e profundo de seleção dos requisitos cujo conhecimento e domínio os dotarão dos meios necessários para adaptá-los às diferentes e variadas situações da vida. Sob essas finalidades, o processo avaliativo consistirá na utilização dos mecanismos que permitam reconhecer se os esquemas de atuação aprendidos podem ser úteis para superar situações reais em contextos também reais.

Situações-problema e avaliação das competências

Visto que ser competente supõe ser capaz de responder de forma eficiente uma situação real, parece óbvio que o ponto de partida de qualquer ação avaliativa sejam situações mais ou menos reais as quais exemplifiquem de algum modo aquelas que podem ser encontradas na realidade. Assim, todas as ações dirigidas a obtenção informação sobre as dificuldades e a capacidade em relação a determinadas competências deverão partir de *situações-problema:* acontecimentos, textos jornalísticos ou científicos, tragédias, conflitos, etc., que mostrando toda a complexidade da realidade obriguem os alunos a intervirem para chegar ao conhecimento ou à resolução problema em questão.

No entanto, essa condição não é a única. Como vimos nos capítulos anteriores, qualquer ação competente representa realizar uma série de ações, algumas delas prévias à própria atuação (Figura 11.1). Se o objetivo da avaliação consiste somente em conhecer a capacidade dos alunos para agir de modo competente diante de uma situação, apenas a avaliação irá considerar a forma na qual esta se resolve; mas se o objetivo é avaliar para ajudar os alunos a melhorarem o domínio de uma competência determinada, será necessário conhecer e valorizar as duas fases anteriores, pois, em muitos casos, a incapacidade para responder aos problemas os quais uma situação determinada apresenta deriva-se da dificuldade de compreender e analisar a situação-problema. Conhecer quais são essas dificuldades será fundamental para poder estabelecer as estratégias de aprendizagem mais apropriadas com vistas a chegar a sua superação.

Uma vez compreendidas as características da situação objeto de um estudo e o tipo de problema ou questões propostos por ela, a segunda dificuldade vem determinada pela necessidade de dispor do conhecimento sobre os diferentes esquemas de atuação existentes em relação aos diversos problemas propostos e à capacidade para selecionar o esquema ou os esquemas de atuação mais apropriados para resolvê-los.

Selecionado o esquema de atuação, a ação competente representa a realização desse esquema a partir de modelos flexíveis, e é neste ponto em que podemos avaliar a capacidade de realizar a competência em função das características específicas da situação-problema proposta. Para esta atividade de avaliação será necessário utilizar as técnicas e os recursos diferenciados de acordo com o tipo de competência e os componentes os quais as configuram.

A característica diferencial das *atividades de avaliação das competências* consiste em que todas elas são parte de um conjunto bem definido de ações para a intervenção ou para a resolução das questões que uma *situação-problema* apresenta, mais ou menos, próxima à realidade dos alunos. O objetivo da avaliação consiste em averiguar o grau de aprendizagem adquirido em cada um dos diferentes conteúdos de aprendizagem os quais configuram a competência, mas em

> O objetivo deve ser avaliar para ajudar os alunos a melhorarem o domínio de uma determinada competência, sendo, portanto, necessário: conhecer quais são suas dificuldades com vistas a estabelecer as estratégias de aprendizagem mais apropriadas para chegar a superá-las, dispor do conhecimento sobre os diferentes esquemas de atuação existentes com relação ao problema, e saber selecionar o esquema de atuação mais apropriado para resolvê-lo.

> O objetivo da avaliação consiste em averiguar o grau de aprendizagem adquirido em cada um dos diferentes conteúdos de aprendizagem os quais configuram a competência, mas em relação a uma situação que dê sentido e funcionalidade aos conteúdos e às atividades de avaliação.

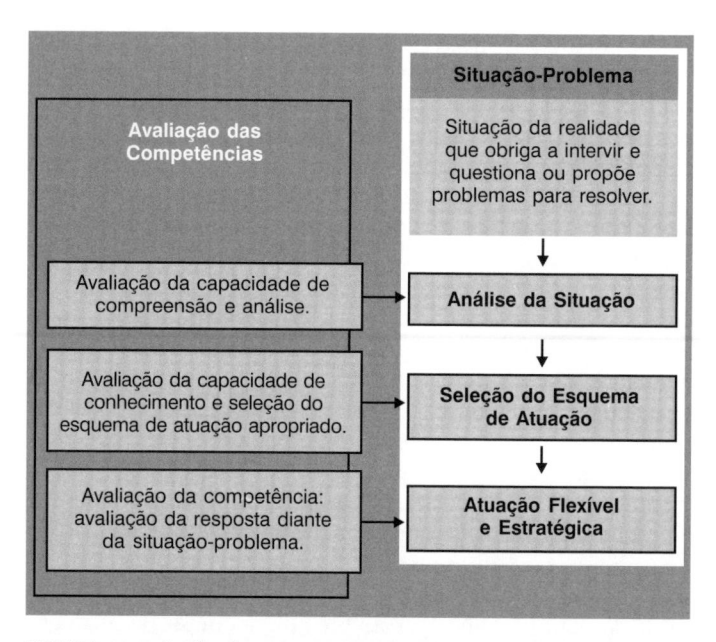

Avaliação das Competências	Situação-Problema: Situação da realidade que obriga a intervir e questiona ou propõe problemas para resolver.
Avaliação da capacidade de compreensão e análise.	Análise da Situação
Avaliação da capacidade de conhecimento e seleção do esquema de atuação apropriado.	Seleção do Esquema de Atuação
Avaliação da competência: avaliação da resposta diante da situação-problema.	Atuação Flexível e Estratégica

FIGURA 11.1 Avaliação no processo de atuação competente.

relação a uma situação que dê sentido e funcionalidade aos conteúdos e às atividades de avaliação. Pretende-se com isso que os alunos não apenas sejam capazes de realizar ações pontuais ou responder a questões reais, mas também que sejam competentes para agir diante de realidades, integrar este conhecimento, habilidade ou atitude e, portanto, que possibilite sua utilização em outros contextos.

A chave para elaborar as atividades de avaliação das competências encontra-se em estabelecer a situação-problema. Para poder intervir nesta situação-problema o aluno deverá mobilizar um conjunto de recursos de diferentes ordens. Neste ponto, surgem as atividades de avaliação, as quais consistirão na realização de diferentes tarefas que permitam conhecer o grau de domínio de seus diferentes componentes e, por meio deles, da própria competência. Cada uma das atividades que o aluno deve realizar corresponderá aos *indicadores de obtenção* relativos à *competência específica*. De maneira que o que se pretende avaliar é o nível de aprendizagem de uma competência específica, a partir de seus indicadores de obtenção. Esses indicadores representam uma análise da competência em função do estabelecimento e da

> Os indicadores de obtenção representam uma análise da competência em função do estabelecimento e da observação das condutas do aluno que permitam avaliar o nível de domínio da competência.

observação das condutas do aluno que permitam avaliar o nível de domínio da competência.

O esquema (ver Figura 11.2) da inter-relação dos diferentes elementos que configuram o processo de identificação da situação-problema e das correspondentes atividades de avaliação é o seguinte:

- Cada competência específica é uma realização e derivação de um objetivo de ordem superior que lhe dá sentido educacional, ou seja, de uma competência geral.
- Para cada competência específica devem ser definidos um ou vários indicadores de obtenção que permitam evidenciar o grau e o modo no qual os alunos realizam a aprendizagem dos diferentes componentes da competência, os conteúdos de aprendizagem.
- Para realizar a avaliação da aprendizagem de competência deve criar-se uma situação-problema que permita refletir ao mesmo tempo a competência específica e a competência geral.
- Devemos elaborar atividades cuja resolução permita obter informação sobre o conhecimento ou o domínio expressado pelo indicador de obtenção da competência e que, ao mesmo tempo, sejam os meios para resolver as questões propostas pela situação-problema.
- Cada atividade de avaliação pode servir para um ou mais **indicadores de sucesso**.

Avaliação das competências em função das características diferenciais de seus componentes

No processo de avaliação das competências, como temos observado ao longo deste livro, os indicadores se referem a um ou a vários componentes da competência. De modo que existem indicadores que mostram o conhecimento ou o domínio de um ou mais dos componentes factuais, conceituais, procedimentais ou atitudinais da competência. A partir de uma situação-problema se realizam as atividades as quais permitem dar resposta para cada um dos indicadores de avaliação. Atividades cujo significado deve depender da capacidade de melhoria da compreensão da situação-problema e da aptidão em prover de informação acerca do grau de aprendizagem de cada um dos diferentes componentes da competência. Por essa razão, essas atividades devem ser apropriadas às características de cada um dos componentes.

Nos capítulos anteriores pudemos analisar como cada um desses componentes das competências são aprendidos de diferentes e específicas formas, e que, consequentemente, a maneira de ensinar cada uma delas implica estratégias também específicas e diferenciadas. O que podemos dizer, então, da forma na qual é possível reconhecer o que cada aluno já sabe ou pode chegar a saber, dependendo das características de cada um dos componentes da competência de acordo com esses fatos, conceitos, procedimentos ou atitudes?

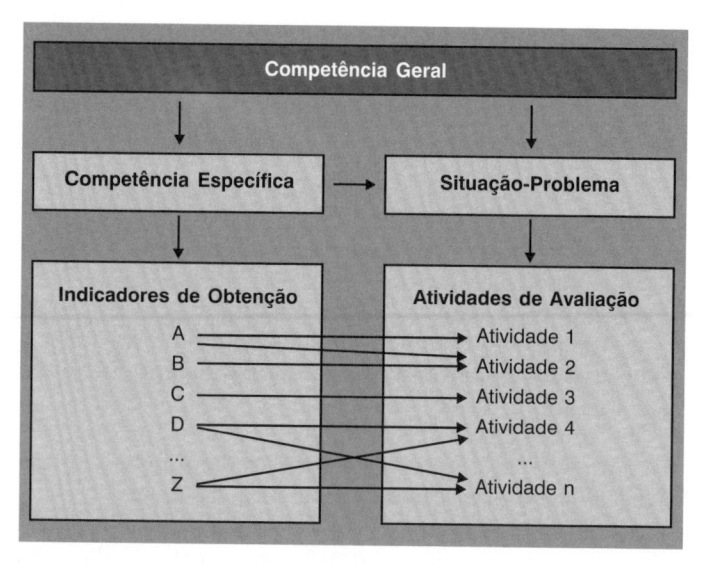

FIGURA 11.2 Esquema do processo de elaboração de atividades de avaliação.

```
                        Competência Geral
                              │
                ┌─────────────┴─────────────┐
                ▼                           ▼
        Competência Específica  ──►   Situação-Problema
                │                           │
                ▼                           ▼
        Indicadores de Obtenção      Atividades de Avaliação
                A ─────────────────────► Atividade 1
                B ─────────────────────► Atividade 2
                C ─────────────────────► Atividade 3
                D ─────────────────────► Atividade 4
                ...                          ...
                Z ─────────────────────► Atividade n
```

Quando queremos conhecer o nível de conhecimento que um aluno tem sobre conteúdos factuais, a pergunta simples, seja oral ou escrita, é uma estratégia muito apropriada.

Quando se quer verificar o grau de conhecimento que um aluno tem sobre conteúdos factuais, a pergunta simples, seja oral ou escrita, é uma estratégia muito apropriada, pois a resposta dada permite identificar com rigor o tipo de ajuda pedagógica que deve ser proporcionada para os alunos a fim de aprimorarem o conhecimento aprendido. Assim, uma vez que os professores tenham claro que os conceitos dos fatos foram compreendidos, as provas escritas simples e as provas objetivas são bons instrumentos de avaliação. É recomendável que a ordem na qual se perguntem os conteúdos seja diferente da do material de estudo do qual o aluno dispõs.

As atividades mais apropriadas para poder conhecer o nível de aprendizagem de conteúdos conceituais consistem na resolução de conflitos ou problemas a partir do uso dos conceitos.

Em relação aos meios para conhecer o grau de aprendizagem dos conteúdos conceituais, a reprodução de suas definições não permite reconhecer com fidelidade se eles foram compreendidos e, sobretudo, se o aluno é capaz de aplicá-los em outros contextos. As atividades mais apropriadas para poder conhecer o nível de aprendizagem de algum conteúdo conceitual consistem na resolução de conflitos ou problemas a partir do uso dos conceitos: provas as quais permitem saber se os alunos são capazes de relacionar e utilizar conceitos em determinadas situações e provas escritas nas quais devem resolver problemas. Nesse caso, é recomendável incluir mais informação do que o necessário para resolver o problema, com vistas a que o aluno não identifique facilmente as variáveis as quais se encontram no enunciado e busque a fórmula que as relaciona sem tentar compreender o que lhe está sendo pedido, e por que nas situações reais nas quais deverá aplicar estes conceitos, não lhe serão apresentadas as variáveis de forma isolada e segundo os parâmetros disciplinares. Em alguns casos, pode ser útil que o aluno defina o conceito com suas próprias palavras ou na observação sistemática do uso que se faz dos conceitos em diferentes situações, como por exemplo em trabalhos de equipe, debates, exposições e diálogos.

No que diz respeito aos procedimentos, a prova escrita é muito limitada, pois reflete apenas o domínio dos procedimentos de "papel e lápis", como é o caso do cálculo, da escrita ou do desenho, ou outros mais cognitivos como a transferência, a classificação ou a dedução. Para todos os demais procedimentos, como a expressão oral, o trabalho em equipe, a observação, etc., devem ser buscadas outras fórmulas que consistam em atividades abertas que proponham situações nas quais sejam utilizados esse tipo de conhecimentos para poder realizar uma observação sistemática de cada aluno. Devem ser atividades que permitam comprovar a funcionalidade dos procedimentos para os alunos, quer dizer, atestar se são capazes de utilizá-los, como no caso dos conceitos, em situações reais e diversas e de forma flexível.

Por último, a prova escrita é totalmente inútil quando se trata de avaliar as atitudes, na medida em que a única forma para poder conhecê-las é situar o aluno diante de situações conflitivas sabendo que não está sendo observado. No entanto, como é praticamente impossível que a escola possa propiciar tais condições para realizar a avaliação, existem outras estratégias como a observação sistemática das opiniões e das ações nas atividades grupais, nos debates nos grandes grupos, nas manifestações dentro e fora da aula, nas excursões, nas colônias de férias, na distribuição das tarefas e responsabilidades, durante o intervalo (recreio), nas atividades esportivas, nas relações interpessoais com seus iguais e com os professores, etc.

> No que tange aos procedimentos, devem ser buscadas fórmulas relacionadas ao uso, em atividades abertas as quais permitam verificar a funcionalidade que elas têm para os alunos.

> Para avaliar as atitudes, que exigem situar o aluno diante de situações conflituosas sabendo que não está sendo observado, existem estratégias como a observação sistemática das opiniões e das ações nas atividades grupais, nos debates nos grandes grupos, nas manifestações dentro e fora da aula, nas excursões, nas colônias de férias.

A forma de ensinar para a avaliação de competências

Da análise das características do processo avaliativo das competências podemos concluir que:

- O problema não se reduz a se as competências são ou não conhecidas, mas a qual é o nível de eficiência com o qual elas são aplicadas.
- Para isso, as atividades dirigidas a conhecer o processo e os resultados da aprendizagem devem se corresponder aos meios para responderem a uma situação-problema a qual possa ser entendida como real.
- A simples exposição do conhecimento que um aluno tem sobre um assunto e a capacidade de resolver problemas esteriotipados não são estratégias avaliativas apropriadas para a avaliação de competências.
- As provas escritas fornecem uma informação muito limitada para a maioria das competências.
- Se queremos que o ensino forme em competências, as provas de vestibular também devem estar baseadas em competências.
- A informação para a avaliação de competências não deve limitar-se ao conhecimento adquirido em provas, mas ser o resultado da observação das atividades de aula.
- Os conteúdos dos programas devem se referir explicitamente às competências gerais.
- A avaliação dos processos e dos resultados deve incluir a avaliação criterial (em função das possibilidades reais de cada aluno) além da normativa.

> Para ter um bom conhecimento do processo que cada aluno segue, é imprescindível ue os métodos de ensino ofereçam informação, constantemente de como estão sendo competentes.

Com tudo isso podemos chegar ao consenso de que para ter um bom conhecimento do processo que os alunos seguem, é imprescindível que os métodos de ensino ofereçam informação, constantemente, de como estão sendo competentes; pois em uma metodologia fechada, na qual os alunos dão respostas unicamente ao fim das sequências didáticas, é impossível ter informação do processo de aprendizagem que cada um deles está seguindo. É imprescindível realizar uma forma de ensino na qual os alunos possam produzir e comunicar mensagens de forma constante, que permitam ser processadas pelos professores e que eles, a partir desse conhecimento, possam oferecer os auxílios que cada um dos alunos necessita para melhorar seu nível de competência.

Uma síntese da avaliação de competências

- A competência é um *construto complexo*, o qual representa a utilização de processos de avaliação que também são complexos.

- Avaliar competências sempre significa avaliar sua aplicação em *situações reais*, em contextos também reais e que fazem referência a intenções que devem ser desenvolvidas fora da escola. Portanto, os meios para avaliar competências na aula são *aproximações a essa realidade*.
- Para poder avaliar competências é necessário ter dados fidedignos sobre o nível de aprendizagem de cada aluno em relação à competência em questão. Isso requer o uso de *instrumentos e meios muito variados* em função das características específicas de cada competência e do contexto em que esta deve ou pode ser realizada.
- Dado que as competências são constituídas por um ou mais conteúdos de cada um dos três componentes básicos, quer dizer, dos conteúdos de aprendizagem conceituais, procedimentais e atitudinais, é necessário identificar os *indicadores de obtenção* para cada um deles, mas *integrados ou que se possam integrar* na competência correspondente.
- O meio para conhecer o grau de aprendizagem de uma competência será a intervenção do aluno ante uma *situação-problema* que seja reflexo, o mais aproximado possível, das situações reais nas quais se pretende que seja competente.

NA PRÁTICA

Atividade para avaliação

Neste exemplo elaborado por Pilar Comes Solé (2005) podemos verificar os componentes para a avaliação de uma competência específica: os indicadores de obtenção, a situação-problema, as atividades de avaliação e os critérios para a avaliação.

Competência específica

> Interpretar um texto técnico de divulgação (artigo jornalístico) sendo capaz de representar graficamente essa informação conceitual e de dados sobre a realidade socioeconômica, e expressar uma opinião por meio de argumentos válidos.

Indicadores de obtenção

Extrair a informação numérica precisa do contexto de um artigo jornalístico.

1. Representar os dados extraídos em diferentes tipos de gráficos, barras e círculos proporcionais.
2. Expressar, uma ideia sintética, a interpretação dos dados.
3. Distinguir entre informação e opinião.
4. Expressar uma opinião argumentada.

Situação-problema

Atualmente existe um debate sobre os alimentos transgênicos. Desde a biotecnologia e os departamentos das grandes empresas multinacionais do mercado agroquímico, defende-se que se conseguirem espécies mais produtivas e resistentes às pragas, às nevascas ou à seca, se aplacará a fome no mundo, a qual hoje afeta quase 1 bilhão de pessoas. No entanto, os grupos de ecologistas consideram que a fome não se deve à falta de alimentos, mas à desigual distribuição da riqueza. Além disso, eles consideram que os alimentos transgênicos somente conseguiriam aumentar o poder das grandes multinacionais que controlam o mercado agroquímico. Atualmente 10 empresas agroquímicas do mundo controlam 91% do mercado mundial. São as mesmas as quais detêm o controle da produção de sementes. Segundo os dados finais da década anterior, a empresa DuPont dos EUA era a maior produtor de sementes, cujo valor alcançava 1,835 bilhão de dólares. A Monsanto, também a americana, alcançava o 1,800 bilhão, e em terceiro lugar a suíça Novartis, com uma produção de 1 bilhão no mesmo ano de 1998. Com pouco mais de 733 milhões de dólares a empresa G. Limagrain ocupava o quarto lugar. As restantes, até completar o *ranking*, encontram-se entre 400 e 300 milhões de dólares. Somente a Savia, empresa mexicana, corresponde a um país em desenvolvimento. O restante das empresas são europeias, como KWS, americanas ou japonesas.

Do conjunto dessas 10 grandes multinacionais, cinco delas concentram 100% do mercado de sementes transgênicas, 23% do conjunto do mercado de sementes e 60% do mercado de pesticidas.

Atividade de avaliação

Represente em um quadro gráfico o artigo jornalístico apresentado anteriormente.

Para isso, responda às seguintes questões:

- Qual é o tema do artigo?
- Quem controla mais de 90% do mercado agroquímico mundial? Responda com palavras e projetando em círculos proporcionais o que representa esta porcentagem em relação ao total.
- O que significa uma empresa multinacional?
- Quais são as quatro principais empresas produtoras de sementes?
- Construa um gráfico indicando o valor da produção em milhões de dólares de cada uma das empresas.
- Indique, junto ao respectivo nome, seu país de origem.
- O que esses países têm em comum?
- Quantas empresas são as que concentram o total do mercado de sementes transgênicas e 60% do mercado de pesticidas? Represente esses dados graficamente.
- Qual a sua opinião sobre as sementes transgênicas?

Critérios para a valorização das atividades de avaliação

- *Atividade 1.* A precisão na definição do título do artigo, relacionando-o ao tema de debate (sementes transgênicas) e o papel das multinacionais e dos ecologistas (atores do debate), expressará a compreensão básica do mesmo.
- *Atividade 2.* A resposta a esta pergunta dará conta da identificação do gráfico circular e a capacidade básica de representar uma cifra porcentual de forma gráfica.
- *Atividades 3 e 4.* O conceito de *empresa multinacional* é um dos conceitos econômicos elementares que os cidadãos devem dominar ao fim dos estudos obrigatórios. A referência ao adjetivo "multinacional" como empresa que atua em escala planetária, em diferentes países, pode ser completada adequadamente com a referência a que sua sede central, seu centro financeiro,

de projeção e de tomada de decisões, costuma localizar-se nos países ricos ou identificados como centrais. Também na pergunta 4 pode-se reforçar a comprovação da competência de elaboração de gráficos com a tarefa de um gráfico de barras.

- *Atividades 5, 6 e 8*. Solicita-se que os alunos representem graficamente dados precisos e simples, mas sem lhes indicar qual tipo de gráfico devem elaborar; assim, podemos verificar se sabem tomar a decisão adequada no momento de escolher o tipo de gráfico.
- *Atividades 7 e 9*. Ao expressar sua opinião será possível verificar, por um lado, se apresenta com clareza seu posicionamento e, por outro, se expõe argumentos ou razões para sustentar sua opinião; ou seja, se apresenta a justificativa, o porque de seu posicionamento.

Epílogo

O ensino baseado em competências, uma nova oportunidade

Dizíamos na apresentação deste livro que um ensino baseado em competências pode ser uma nova oportunidade para que o sistema educacional enfrente uma educação a partir de uma visão racional, comprometida, responsável e global para a formação de cidadãos. Uma oportunidade para que a educação redescubra sua potencialidade como meio essencial, junto a outros, para a melhoria da pessoa e da sociedade. Evidentemente, qualquer ideia pode ser pervertida, e no caso das competências também corre-se esse risco. Sua difusão inicial no mundo empresarial pode ser interpretada como um instrumento a serviço de enfoques mercantilistas em vez de uma forma mais precisa na expressão das intenções educacionais.

Além disso, como vimos, o conceito *competência* indica que as aprendizagens devem se realizar sempre de modo funcional e significativo, atribuindo sentido ao que se aprende. E se por isso fosse pouco complicado, a aprendizagem de uma competência implica sempre uma aprendizagem para agir. Para nossa tradição pedagógica, essas premissas já são de grande avanço e por isso provavelmente deverão enfrentar inúmeras resistências. O passo seguinte, no qual devemos ser extremamente cautelosos, reside na identificação das competências as quais devem ser objeto de estudo da educação. É nesse ponto em que se deve ser combativo diante de propostas curriculares que não considerem uma formação calcada no desenvolvimento da pessoa em todas as suas capacidades, a qual possibilite a formação de cidadãos para a justiça e igualdade. Por isso, no livro manifestamos de forma bastante clara quais as competências que devem ser objeto da educação.

A esses riscos devemos acrescentar outro perigo, provavelmente o mais preocupante de todos. Trata-se da possível incapacidade dos responsáveis políticos e técnicos do desenvolvimento de um sistema educacional que enfrente com decisão os desafios que uma educação baseada em competências e para a vida representa. Como bem sabemos, a elaboração de propostas curriculares é relativamente fácil, o difícil está no planejamento de medidas e meios que devem ser adotados para que uma proposta de mudança profunda não se converta, novamente, em uma reforma com data de validade.

Devemos ser conscientes de que o sistema herdado foi pensado a partir de uma ótica propedêutica e seletiva, portanto, com modelos e seleção, formação e promoção dos professores em função dessa finalidade, bem como uma determinada organização e gestão das escolas e de sua própria estrutura física, além de uma limitada relação entre os âmbitos de educação formal, informal e não formal.

Competências, formação de professores e desenvolvimento profissional

Apesar de uma parte importante dos professores dispôr de práticas educacionais as quais utilizam estratégias metodológicas apropriadas para o ensino de competências; atualmente não é o caso da maioria, muito menos é o resultado da formação inicial que os professores receberam. Tal formação deve estar baseada em competências, de modo que a forma de ensino nas próprias escolas de formação de professores deverá assumir todas as consequências de uma metodologia a qual corresponda ao conhecimento que temos de como a aprendizagem é produzida. Nesta linha, a formação deve ser realizada por meio de um currículo centrado nas atividades profissionais da docência e em que o objetivo de estudo esteja baseado em boas práticas e nas soluções dos problemas próprios do ensino. Definitivamente, uma formação na qual os conhecimentos teóricos indispensáveis estejam estreitamente relacionados às atividades reais de aula, e na qual a pratica em escolas esteja tutorada por professores em atividade que disponham do conhecimento das estratégias metodológicas para um ensino de competências. Uma formação inicial extensa adequada à complexidade e à relevância das características profissionais.

Mesmo assim, devemos acrescentar uma formação contínua fundamentada na reflexão e análise compartilhada sobre a prática educacional, por meio do conhecimento e troca de experiências de aula e a aprendizagem de estratégias metodológicas. Uma formação a qual utilize métodos formativos baseados na ação e no auxílio dos colegas que dispõem de técnicas e métodos amparados na prática, com vistas a configurar um desenvolvimento profissional que estimule e incentive o trabalho docente de qualidade.

Estrutura, organização e gestão da escola

A estrutura das escolas, suas dimensões e sua arquitetura não possuem, em muitos casos, especialmente nos níveis intermediários de ensino, as características apropriadas para um ensino dirigido à formação integral. As grandes escolas não facilitam o conhecimento dos alunos por parte dos professores e nem deles próprios. Conhecimento prévio indispensável para o estabelecimento dos vínculos afetivos imprescindíveis para o desenvolvimento dos componentes atitudinais, o incentivo da autoestima e o seguimento adequado das características diferenciais.

Formar para a vida e atender à diversidade exigem espaços e estruturas organizacionais pensadas para isso, algo muito diferente dos espaços construídos sob ideias uniformizadoras.

Mesmo assim, os modelos organizacionais dos professores e a distribuição da carga horária foram concebidas para um ensino fundamentalmente instrutivo, o qual gira em torno do ensino de matérias. Por isso, as disciplinas são as articuladoras da gestão pedagógica e, portanto, de uma organização baseada em departamentos relacionados às distintas áreas do conhecimento. Dado que o modelo de ensino prioritário corresponda a uma metodologia transmissiva de caráter expositivo, a duração das sessões pode ter um formato de horário rígido, utilizando a hora como pauta de distribuição. Entretanto, como vimos até aqui, ensinar competências para a vida implica um ensino no qual o aluno é o objeto de estudo dos professores e as áreas curriculares somente são o meio, o que de maneira natural representa uma organização dos professores em torno das equipes docentes de nível ou grupo-classe. O processo de aprendizagem de cada um dos alunos somente pode se desenvolver por meio de um trabalho conjunto com todos os professores que nele intervêm. Por esses motivos, no que se refere à organização do tempo, a complexidade da aprendizagem exige um uso muito variável do mesmo.

Tudo isso nos leva à conclusão de que é necessária uma gestão da escola centrada nos processos de ensino-aprendizagem de todos e cada um dos alunos; o que requer, portanto, uma organização renovada constantemente a partir das necessidades pedagógicas e metodológicas; ou seja, uma organização cujas decisões sobre a forma de ensinar e a identificação dos conteúdos de aprendizagem possam ser inferidas a partir das medidas organizacionais existentes.

Uma organização centrada em equipes pedagógicas a qual incentive uma cultura de reflexão e uma análise compartilhada com a prática educacional. Para isso, deverá existir uma gama de espaços e tempos o qual facilite a tomada de decisões a partir de um processo de trabalho colaborativo de todos os professores.

Competências, família e sociedade. Corresponsabilidade de todos os agentes educacionais

Relacionado ao ponto anterior, encontramo-nos com uma das maiores necessidades que a introdução de um modelo de ensino por competências no sistema educacional traz: a necessidade de relação entre todos os agentes da comunidade educacional. Diante de um desafio de tal magnitude, é inegável que a escola, por si só, terá poucas probabilidades de obter os objetivos defendidos neste livro. Por isso, é imprescindível a colaboração de toda a comunidade, a sociedade e, obviamente, as famílias. Ensinar competências, com a finalidade de obter uma sociedade mais participativa, livre e justa, não pode ser uma tarefa desligada da educação familiar. Em consequência, a formação integral dos cidadãos de hoje e de amanhã deve ser responsabilidade de todos os agentes educacionais, se fazendo necessária a participação de toda a sociedade em todos os âmbitos, impulsionando iniciativas que promovam a aprendizagem das competências defendidas, bem como espaços nos quais elas possam ser aplicadas. E para coordenar semelhante desafio educacional, a escola é a instituição pedagógica mais indicada.

Seguindo a comparação entre a educação e a saúde, já explicado no Capítulo 4 deste livro , propomos, a partir daqui, a escola como o órgão o qual projete, coordene e supervisione as ações educacionais realizadas nos âmbitos formal, informal e não formal. Para poder coordenar uma tarefa tão complexa, é imprescindível que se compartilhem os mesmos objetivos educacionais e que se entendam as competências projetadas como veículo que permitirá que as crianças de hoje possam se desenvolver em todas as etapas de sua futura vida adulta.

Glossário

Atitudes

Componentes das competências que referem-se à predisposição e à forma de agir da pessoa diante de uma determinada situação.

Aprender a aprender

Competência que consiste no domínio de estratégias que possibilitam a aquisição de novas aprendizagens.

Área comum

Disciplinas cujos conteúdos de ensino serão os de caráter metadisciplinar.

Caráter disciplinar

É a característica que engloba um conjunto de conhecimentos cujo suporte epistemológico provém de um único âmbito de conhecimento.

Caráter interdisciplinar

É a característica que engloba um conjunto de conhecimentos cujo suporte epistemológico provém de mais de um âmbito de conhecimento.

Caráter metadisciplinar

É a característica que engloba um conjunto de conhecimentos cujo suporte epistemológico não provém de nenhuma disciplina.

Competência

Ver competência geral.

Competência específica

É a intervenção eficaz diante de uma situação-problema real por meio de ações nas quais se mobilizem, ao mesmo tempo e de maneira inter-relacionada, componentes atitudinais, procedimentais e conceituais.

Competência geral

É a intervenção eficaz nos diferentes âmbitos da vida por meio de ações nas quais se mobilizem, ao mesmo tempo e de maneira inter-relacionada, componentes atitudinais, procedimentais e conceituais.

Conflito cognitivo

Processo por meio do qual o aluno questiona suas ideias, como primeiro passo para a construção de significados.

Conhecimentos

Componentes das competências de caráter tangível ou abstrato que se referem a fatos, conceitos, princípios e sistemas conceituais.

Conteúdo atitudinal

Tipo de conteúdo de aprendizagem que se enquadra na forma de ser da pessoa e cuja aprendizagem requer a experienciação de situações nas quais se deva agir de forma real para solucioná-las.

Conteúdo conceitual

Tipo de conteúdo de aprendizagem teórico que engloba conceitos e princípios e que, para aprendê-lo, é necessário plena compreensão.

Conteúdo factual

Tipo de conteúdo de aprendizagem teórico que engloba dados como fatos históricos, nomes, datas, etc., e que, para aprendê-lo, é preciso memorização.

Conteúdo procedimental

Tipo de conteúdo de aprendizagem prático que consiste em processos ou ações cuja aprendizagem requer um modelo prévio e uma exercitação posterior.

Dimensão interpessoal

Refere-se à relação que o indivíduo mantém com as pessoas que o cercam, à forma de se comunicar com elas, de considerá-las, etc.

Dimensão pessoal

Refere-se à relação que a pessoa mantém com ela mesma: seu autoconhecimento, sua autoestima, seu autocontrole, etc.

Dimensão profissional

Refere-se ao âmbito do trabalho no qual a pessoa trabalha e se desenvolve.

Dimensão social

Refere-se à relação da pessoa com a sociedade em que vive.

Educação formal

Âmbito da educação que tem caráter intencional, planejado e regulado.

Educação informal
Âmbito da educação que se produz de forma não intencional e não planejada.

Educação não formal
Âmbito da educação que se produz de forma intencional e planejada, mas fora do âmbito regulamentado.

Enfoque globalizador
Com este termo se realiza a maneira de organizar os conteúdos a partir de uma concepção do ensino na qual o objeto fundamental de estudo para os alunos é o conhecimento e a intervenção na realidade.

Esquema de atuação
Conjunto de conceitos, procedimentos e atitudes aplicadas de forma inter-relacionada e que configuram um modelo aprendido que pode dar lugar a uma competência quando aplicado em um contexto determinado.

Esquemas de conhecimento
São as representações que uma pessoa possui, em um dado momento de sua existência, sobre algum objeto de conhecimento.

Esquemas operativos ou operacionais
Ver esquemas de atuação.

Falso ativismo
Consiste na crença de que o aluno aprenderá e se desenvolverá por meio de atividades, às vezes, sem que os objetivos as justifiquem ou sem um trabalho prévio de modelação ou outro posterior de reflexão e memorização.

Família de situações
É um grupo de situações que pela tipologia das variáveis que as caracterizam pode ser agrupadas formando uma mesma categoria.

Formação integral
Consiste no desenvolvimento de todas as capacidades da pessoa nos âmbitos pessoal, interpessoal, social e profissional.

Função instrutiva
Papel do ensino limitado à formação em conteúdos de caráter acadêmico.

Função orientadora
Consiste em apresentar aos alunos todas as opções que eles têm para poder desenvolver suas capacidades e interesses e os guiarem até a que se ajusta mais a esses critérios.

Função propedêutica

Consiste na preparação dos alunos para os níveis superiores do sistema educacional.

Função seletiva

Refere-se à missão do sistema educacional de distinguir os alunos "capacitados" para chegar ao ensino universitário.

Funcionalidade

É a característica de um conteúdo de aprendizagem que se refere ao fato de um aluno poder utilizá-lo em determinadas situações de sua vida real.

Habilidades

Componentes das competências que consistem em um conjunto de ações que servem para a obtenção de um objetivo: procedimentos, técnicas, estratégias, métodos...

Indicadores de sucesso

Itens que representam ações específicas avaliáveis nas quais a pessoa demonstra seu nível de competência.

Metacognição

É a reflexão sobre como se produz a própria aprendizagem.

Nível de desenvolvimento

Fases ou estágios pelos quais a pessoa passa no desenvolvimento de sua inteligência.

Pensamento complexo

Forma de conhecimento baseada na capacidade para se aproximar à realidade, analisá-la e resolver os problemas que ela apresenta a partir de uma visão sistemática.

Relações substanciais e não arbitrárias

Refere-se às relações significativas e duradouras entre os conhecimentos prévios e os novos conteúdos de aprendizagem.

Relevância

É a característica de um conteúdo de aprendizagem que refere-se ao fato de o aluno poder lhe atribuir sentido.

Situação-problema

Acontecimentos, textos jornalísticos ou científicos, tragédias, conflitos, etc. que, mostrando toda a complexidade da realidade, obriguem os alunos a intervirem para chegar ao conhecimento ou à resolução do problema ou questão.

Transferência

Capacidade de aplicar a uma situação real um conhecimento, um processo ou uma atitude previamente aprendidos.

Zonas de desenvolvimento proximal

Equivale à distância existente entre o que o aluno já sabe e o que pode aprender com a ajuda de uma pessoa mais experiente.

Referências

AA.VV. (2005): *Curriculum Vasco para el periodo de la escolaridad obligatoria: documento marco.* Vitoria-Gasteiz. Gobierno Vasco.

AA.W. (2006): *Curriculum Vasco para el periodo de la escolaridad obligatoria. propuesta para su mejora.* Vitoria-Gasteiz. Gobierno Vasco.

AUSUBEL, D.P. (2002): *Adquisición y retención del conocimiento. Una perspectiva cognitiva.* Barcelona. Paidós.

AUSUBEL, D.P.; NOVAK, J.D.; HANESIAN, H. (1983): *Psicologia educativa: Un punta de vista cognoscitivo.* 2." ed. Mexico. Trillas.

CEPEDA, J.M. (2005): «Metodologfa de la ensenanza basada en competencias». *Revista Iberoamericana de Educación, 34(4).*

CALL, C. (1987): *Psicologia y curriculum. Una aproximación psicopedagógica a la elaboración del curriculum escolar.* Barcelona. laia.

_____ (1990): *Aprendizaje escolar y construcción de conocimiento.* Barcelona. Paidós.

_____ (2007): «Las competencias en la educación escolar: algo mas que una moda y mucho menos que un remedio». *Aula de Innovación Educativa,* num 161 pp. 34-39.

CALL, C., MARTIN. E. (2006): *Vigencia del debate curricular. Aprendizajes basicos, competencias y estandares.* II Reunión del Comite Intergubernamental del Proyecto Regional de Educación para America Latina y el Caribe (PRELAC). Santiago de Chile. 11-13 de mayo de 2006. Documento no publicado. URL: <http://www.ub.edu/grintie>.

CALL, C.; MARTIN, E.; MAURI, 1. Y otros (1993): *El constructivismo en el aula.* Barcelona. Graó.

COMES SOLE, P. (2005): *Modelo de evaluación de los aprendizajes por competencias en el aula.* El Salvador. MINED (Ministerio de Educación Gobierno de El Salvador).

COMISIÓN DE LAS COMUNIDADES EUROPEAS (2005): *Propuesta de recomendación del Parlamento Europeo y del Consejo sobre las competencias clave para el aprendizaje permanente.* 2005/0221 (COD). Bruxelles.

COMISIÓN EUROPEA (2002): *The key competencias in* a *knowledge-based economy:* a *first step towards selection, definition and description.* Directorate-General for Education and Culture.

_____ (2004): *Competencias clave para un aprendizaje a 10 largo de la vida. Un marco de referenda europeo*. Puesta en práctica del programa de trabajo *Educacion y Formacion 2010*. Comisión Europea. Dirección General de Educación y Cultura.

CONSEJO EUROPEO (2001): *Common European Framework of Reference for Languages: Learning, teaching, assessment*. Cambridge. Cambridge. University Press. (Trad. cast.: *Marco comun europeo de referencia para las lenguas: aprendizaje, enseiianza, evaluacion*. Madrid. Instituto Cervantes, 2002.)

DELORS, J. (1996): «La educación o la utopia necesaria». Informe para la UNESCO de la Comisión Internacional sobre la Educación para el siglo XXI: *La educacion encierra un tesoro*. Paris. Ediciones UNESCO.

DEPARTAMENTO DE INFORMACION PUBLICA DE LAS NACIONES UNIDAS (2004): *Recomendacion sobre el desarrollo de los recursos humanos*. Recomendación 195. Ginebra.

EURYDICE (2002): *Competencias clave. Un concepto en expansion dentro de la educacion general obligatoria*. <www.eurydice.org>.

GARAGORRI, X. (2007): «Curriculum basado en competencias: aproximación al estado de la cuestión». *Aula de Innovacion Educativa*, 161 pp. 47-55.

GENERALITAT DE CATALUNYA (2003): *Relacio de competencies basiques*. Barcelona. Consell Superior d'Avaluació del Sistema Educatiu.

_____ (2004): *Síntesi de resultats de les proves d'avaluacio de les competencies basiques dels cursos 2003-2004*. Barcelona. Departament d'Ensenyament.

GOÑI, J.M. (2005): *El espacio europeo de educacion superior*. Barcelona. Octaedro/ICE-UB. IN EM (1995): *Metodología para la ordenacion de la formacion profesional. Subdireccion general de gestion de formacion ocupacional*. Madrid. INEM.

INTERMÓN OXFAM (2005): *Hacia una Ciudadanía Global. Propuesta de Competencias Basicas*. Barcelona. Fundación Intermón Oxfam.

LE BOTERF, G. (2000): *La ingeniería de las competencias*. Barcelona. Gestión 2000.
LOPEZ, J. LEAL, I. (2002): *Como aprender en la sociedad del conocimiento*. Barcelona. Epise.

MARTÍN, E., COLL, C. (eds.) (2003): *Aprender contenidos, desarrollar capacidades. Intenciones educativas y planificacion de la enseiianza*. Barcelona. Edebé.

McCLELLAND, D.C. (1973): «Testing for Competencies rather than intelligence». *American Psychologist*. 28, pp. 1-14.

MINISTERIO DE TRABAJO Y ASUNTOS SOCIALES (1995): *Real Decreto 79711995*. BOE 138 de 10 de junio.

MONEREO, C. (coord.) (2005): *Internet y competencias basicas. Aprender a colaborar, a comunicarse, a participar, a aprender*. Barcelona. Graó.

OCDE (2002): *Proyecto DeSeCo: Définitions et selection des competences. Fondements theoriques et conceptuels*. Document de strategie. DEELSAIED/CERI/CD(2002)9.

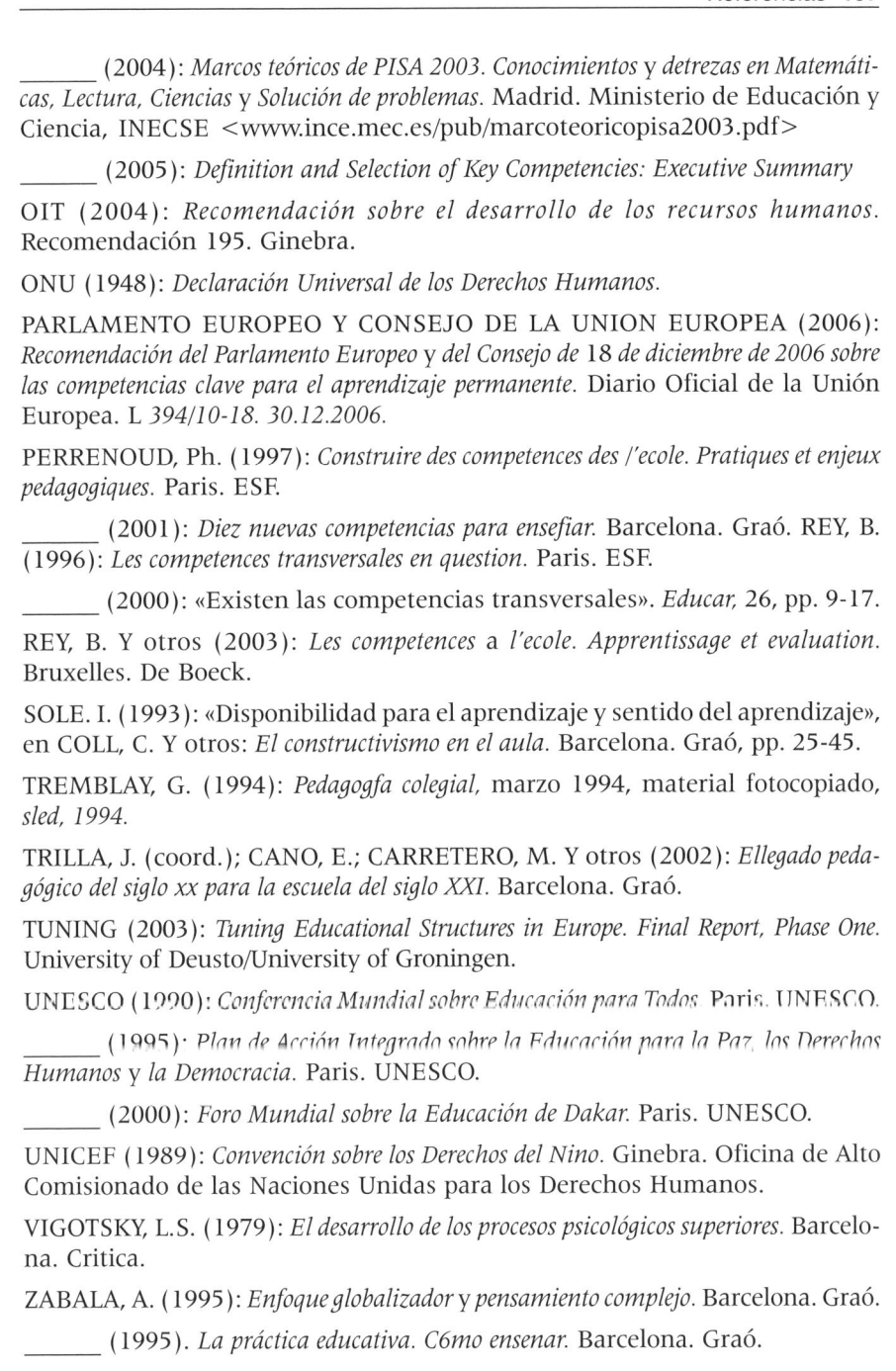

_____ (2004): *Marcos teóricos de PISA 2003. Conocimientos y detrezas en Matemáticas, Lectura, Ciencias y Solución de problemas*. Madrid. Ministerio de Educación y Ciencia, INECSE <www.ince.mec.es/pub/marcoteoricopisa2003.pdf>

_____ (2005): *Definition and Selection of Key Competencies: Executive Summary*

OIT (2004): *Recomendación sobre el desarrollo de los recursos humanos*. Recomendación 195. Ginebra.

ONU (1948): *Declaración Universal de los Derechos Humanos*.

PARLAMENTO EUROPEO Y CONSEJO DE LA UNION EUROPEA (2006): *Recomendación del Parlamento Europeo y del Consejo de 18 de diciembre de 2006 sobre las competencias clave para el aprendizaje permanente*. Diario Oficial de la Unión Europea. L 394/10-18. 30.12.2006.

PERRENOUD, Ph. (1997): *Construire des competences des /'ecole. Pratiques et enjeux pedagogiques*. Paris. ESF.

_____ (2001): *Diez nuevas competencias para enseñar*. Barcelona. Graó. REY, B. (1996): *Les competences transversales en question*. Paris. ESF.

_____ (2000): «Existen las competencias transversales». *Educar*, 26, pp. 9-17.

REY, B. Y otros (2003): *Les competences a l'ecole. Apprentissage et evaluation*. Bruxelles. De Boeck.

SOLE. I. (1993): «Disponibilidad para el aprendizaje y sentido del aprendizaje», en COLL, C. Y otros: *El constructivismo en el aula*. Barcelona. Graó, pp. 25-45.

TREMBLAY, G. (1994): *Pedagogfa colegial*, marzo 1994, material fotocopiado, sled, 1994.

TRILLA, J. (coord.); CANO, E.; CARRETERO, M. Y otros (2002): *El legado pedagógico del siglo xx para la escuela del siglo XXI*. Barcelona. Graó.

TUNING (2003): *Tuning Educational Structures in Europe. Final Report, Phase One*. University of Deusto/University of Groningen.

UNESCO (1990): *Conferencia Mundial sobre Educación para Todos*. Paris. UNESCO.

_____ (1995): *Plan de Acción Integrado sobre la Educación para la Paz, los Derechos Humanos y la Democracia*. Paris. UNESCO.

_____ (2000): *Foro Mundial sobre la Educación de Dakar*. Paris. UNESCO.

UNICEF (1989): *Convención sobre los Derechos del Nino*. Ginebra. Oficina de Alto Comisionado de las Naciones Unidas para los Derechos Humanos.

VIGOTSKY, L.S. (1979): *El desarrollo de los procesos psicológicos superiores*. Barcelona. Critica.

ZABALA, A. (1995): *Enfoque globalizador y pensamiento complejo*. Barcelona. Graó.

_____ (1995). *La práctica educativa. Cómo enseñar*. Barcelona. Graó.

IMPRESSÃO:

PALLOTTI
GRÁFICA

Santa Maria - RS | Fone: (55) 3220.4500
www.graficapallotti.com.br